Emotionen in der interkulturellen Psychologie

Thu Trang Vu · Dung Vu · Thi Mai Lan Nguyen
Hrsg.

Emotionen in der interkulturellen Psychologie

Ein maschinell generierter
Forschungsüberblick

 Springer

Hrsg.
Thu Trang Vu
Faculty of Psychology and Education
Hanoi National University of Education
Hanoi, Vietnam

Dung Vu
Institute of Psychology
Hanoi, Vietnam

Thi Mai Lan Nguyen
Institute of Psychology
Hanoi, Vietnam

Die Übersetzung erfolgte mit Hilfe von künstlicher Intelligenz (maschinelle Übersetzung durch den Dienst DeepL.com). Die anschließende Überarbeitung im Satzbetrieb erfolgte vor allem in inhaltlicher Hinsicht.

ISBN 978-3-658-39457-8   ISBN 978-3-658-39458-5 (eBook)
https://doi.org/10.1007/978-3-658-39458-5

Die Deutsche Nationalbibliothek verzeichnet diese Publikation in der Deutschen Nationalbibliografie; detaillierte bibliografische Daten sind im Internet über http://dnb.d-nb.de abrufbar.

Springer ist ein Imprint der eingetragenen Gesellschaft Springer Fachmedien Wiesbaden GmbH und ist ein Teil von Springer Nature.
Die Anschrift der Gesellschaft ist: Abraham-Lincoln-Str. 46, 65189 Wiesbaden, Germany

Vorwort

Nachdem die Psychologen jahrelang die psychologischen Grundlagen verschiedener mentaler Prozesse und Verhaltensweisen untersucht hatten, begannen sie sich zu fragen, ob ihre Schlussfolgerungen universell gültig sind. Die kulturübergreifende Psychologie ist ein Zweig der Psychologie, der sich mit der Untersuchung psychologischer Konzepte und Prinzipien in einer Vielzahl von Kulturen befasst. Seit den 1970er-Jahren, als die erste Vereinigung für kulturübergreifende Psychologie gegründet wurde, hat sich die Forschung auf diesem Gebiet in erstaunlichem Tempo entwickelt. Allein in der Springer-Datenbank wurden mehr als 11.000 Studien mit dem Stichwort „interkulturelle Psychologie" veröffentlicht.

Daher standen wir, die Autoren, vor der Herausforderung, ein Thema in der kulturübergreifenden Psychologie zu finden, das den allgemeinen Trend des Fachgebiets widerspiegelt, aber gleichzeitig prägnant genug ist, um einen umfassenden Überblick zu geben. Das Thema „Emotionen in der interkulturellen Psychologie" wurde gewählt, weil Emotionen in der interkulturellen Psychologie am meisten erforscht werden. Dieses Buch gibt einen Überblick über die Emotionsforschung in der kulturübergreifenden Psychologie mit Hilfe von maschinell erstellten Zusammenfassungen. Die Idee des Buches ist es, kulturelle Gemeinsamkeiten und Unterschiede in verschiedenen Aspekten von Emotionen zu diskutieren, von Emotionsausdruck über Emotionserkennung bis hin zur Emotionsregulation. Das Buch ist nach Kernthemen der Emotionen gegliedert: Kap. 1 befasst sich mit dem Gefühlsausdruck, Kap. 2 mit der Gefühlserkennung, Kap. 3 mit einer spezifischen Emotion, die für Psychologen von besonderem Interesse ist – dem Glück.

Ein weiterer Grund, warum wir uns für Emotionen entschieden haben, ist, dass sich die Forschung zu Emotionen aus einer kulturübergreifenden Perspektive interessanterweise nicht zu sehr auf Individualismus und Kollektivismus stützt, um kulturelle Unterschiede im Ausdruck oder der Regulierung von Emotionen zu erklären. Vielmehr werden andere psychologische Konzepte als vermittelnde Faktoren zwischen der Kultur (dem breiten Kontext) und den Emotionen des Einzelnen verwendet. Die Emotionsforschung aus der Perspektive der kulturübergreifenden Psychologie ermöglicht den Lesern somit eine differenziertere Sicht auf die kulturübergreifende Psychologie: Es geht nicht nur um den Unterschied zwischen Individualismus und Kollektivismus, sondern auch darum, wie der breite Kontext viele psychologische Prozesse beeinflusst, die wiederum die emotionale Verarbeitung und Reaktion beeinflussen.

Um diese Ideen in die Praxis umzusetzen, haben wir die aktuellsten Forschungsarbeiten aus der riesigen Datenbank von Springer ausgewählt. Die KI hat Zusammenfassungen der Arbeiten erstellt, und wir haben diese Studien in der Einleitung eines jeden Kapitels miteinander verbunden. Wir hoffen, dass die Leser anhand des breiten Spektrums der in diesem Buch ausgewählten Studien das Wachstum des Fachgebiets seit Ekmans Zeiten nachvollziehen können.

Unser herzlicher Dank gilt dem Springer-Team, insbesondere dem Projektunterstützer Ha-Linh Vu und dem jungen und talentierten technischen Team.

Hanoi, Vietnam   Vu Thu Trang
                                                                           Vu Dung
                                                              Nguyen Thi Mai Lan

Inhaltsverzeichnis

Kulturelle Ähnlichkeiten und Unterschiede im Gefühlsausdruck

Thu Trang Vu, Dung Vu und Thi Mai Lan Nguyen

Schlüsselwörter

Emotionalen Ausdruck · Grundemotion · Gesichtsausdruck · Stimmausdruck · Emotionale Expressivität

Was die Psychologie interessant, aber auch umstritten macht, ist die Tatsache, dass wir nicht in den Köpfen lesen können. Wir können nie sicher sein, dass wir verstehen, was eine Person fühlt, wenn sie es nicht zum Ausdruck bringt. Emotionen sind da keine Ausnahme. Der Ausdruck von Emotionen ist das erste beobachtbare Zeichen des inneren Gefühlslebens einer Person. Da er beobachtbar ist, gehört der Gefühlsausdruck zu den ersten Emotionsthemen, die kulturübergreifend Beachtung finden. Studien von Ekman haben seit den 1960er-Jahren die Ähnlichkeiten zwischen den Kulturen beim Ausdruck von Grundemotionen aufgezeigt. Seitdem wurden Replikationsstudien durchgeführt, um die Schlussfolgerungen von Ekman und Kollegen zum Gefühlsausdruck in verschiedenen Umfeldern zu überprüfen. In diesem Kapitel finden die Leser Studien zum Gesichtsausdruck wie die Arbeit von Heydari, Sheybani & Yoonessi zur iranischen Datenbank für emotionale Gesichter, zum Gesichts- und Stimmausdruck und zum Körperkontakt in virtuellen Umgebungen wie die von Ferreira, Mercon-Vargas & Midgette (33) und zur emotionalen Expressivität – einem eigenschaftsähnlichen, stabilen Aspekt des emotionalen Ausdrucks – wie die von Ishii et al. (34).

T. T. Vu (✉)
Faculty of Psychology and Education, Hanoi National University of Education, Hanoi, Vietnam
E-Mail: trangvt@hnue.edu.vn

D. Vu · T. M. L. Nguyen
Institute of Psychology, Hanoi, Vietnam

Interessant ist, dass diese neueren Studien einige kulturelle Unterschiede beim Ausdruck negativer Emotionen festgestellt haben. Ishii et al. (34) stellten fest, dass Menschen aus dem Osten negative Emotionen stärker zum Ausdruck bringen als Menschen aus dem Westen. Heydari, Sheybani & Yoonessi (35) stellten fest, dass der Ausdruck von Furcht und Ekel kulturspezifisch sein kann, sodass Bilder von Menschen aus dem Westen, die diese Emotionen zeigen, von nicht-westlichen Menschen schwerer identifiziert werden können. Die Studie von Ferreira, Mercon-Vargas & Midgette (33) über die virtuelle Interaktion während der COVID-19-Pandemie stellt eine interessante Untersuchung der Rolle des physischen Kontakts beim Ausdruck von Emotionen in verschiedenen Kulturen dar und zeigt, wie das Fehlen von physischem Kontakt in der virtuellen Interaktion die Kommunikation je nach den kulturellen Normen des Emotionsausdrucks unterschiedlich beeinflussen kann.

Wenn die Frage „inwieweit ähnlich oder verschieden" beantwortet ist und ein relativer Konsens erreicht wurde, beginnt die kulturübergreifende Forschung, sich mit der Frage zu beschäftigen, „warum diese Unterschiede bestehen". Ein plausibler Grund ist die biologische Grundlage. Da der Oxytocin-Rezeptor mit der emotionalen Ausdrucksfähigkeit in Verbindung gebracht wird, könnten Mitglieder verschiedener Kulturen Unterschiede im Oxytocin-Rezeptor aufweisen, was sie emotional ausdrucksstärker macht. Die Studie von Ishii et al. (34) wird die Antwort auf diese Hypothese liefern. Eine weitere Erklärung ist die soziale Wertorientierung. In einigen Kulturen wird eine prosoziale Wertorientierung gefördert, in anderen eine Pro-Selbst-Wertorientierung. Es ist dann zu erwarten, dass Prosoziale mehr negative Emotionen ausdrücken als „Proselfs". Lee et al. (36) testeten diese Hypothese, indem sie den Gesichtsausdruck von Proselfs und Prosocials verglichen. Die dritte Hypothese ist der Glaube. Kulturen können Stereotypen über ihre Mitglieder als ausdrucksstärker halten, und dieser Glaube wirkt wie eine selbsterfüllende Prophezeiung, um kulturelle Unterschiede im emotionalen Ausdruck zu verstärken. Diese interessante Hypothese wird von Qu et al. (37) untersucht.

Die Studien in diesem Kapitel ermöglichen es dem Leser, die Existenz von kulturübergreifenden Ähnlichkeiten und Unterschieden im Gefühlsausdruck und, was noch wichtiger ist, die Mechanismen hinter diesen Ähnlichkeiten und Unterschieden zu untersuchen.

In Kap. 1 enthaltene Veröffentlichungen

Iranische Datenbank für emotionale Gesichter: Erfassung und Validierung eines Stimulus-Sets grundlegender Gesichsausdrücke| DOI: https://doi.org/10.3758/s13428-022-01812-9

Soziabilität, soziale Isolation und soziale Interaktion in den ersten Monaten der COVID-19-Pandemie: eine qualitative Analyse brasilianischer, finnischer und amerikanischer Erwachsener DOI: https://doi.org/10.1007/s43076-022-00172-9

Beeinflussen Kultur und Oxytocin-Rezeptor-Polymorphismen die emotionale Ausdrucksfähigkeit? | DOI: https://doi.org/10.1007/s40167-020-00091-5

Kodierungsunterschiede zwischen prosozialen und proselbstigen Menschen bei negativen Gefühlsäußerungen | DOI: https://doi.org/10.1007/s12144-018-9986-4

Negative Stereotypen von Jugendlichen über die Emotionalität von Teenagern: Wechselseitige Beziehungen zum emotionalen Funktionieren in Hongkong und Festlandchina | DOI: https://doi.org/10.1007/s10964-020-01303-0

Iranische Datenbank für emotionale Gesichter: Erfassung und Validierung einer Reihe von Stimuli mit grundlegenden Gesichtsausdrücken

DOI: https://doi.org/10.3758/s13428-022-01812-9

Kurzfassung – Zusammenfassung

Datenbanken mit Gesichtsbildern haben Theorien zur Emotionswahrnehmung geliefert und finden auch in anderen Disziplinen wie der Gesichtserkennungstechnologie Anwendung.

Die Gesichter vieler ethnischer Gruppen sind in den bestehenden Gesichtsdatenbanken nach wie vor weitgehend unterrepräsentiert, was sich auf die Verallgemeinerbarkeit der auf dieser Grundlage entwickelten Theorien und Technologien auswirken kann.

Wir präsentieren die erste durch eine Umfrage validierte Datenbank mit iranischen Gesichtern.

Eine Bewertungsumfrage bestätigte eine hohe Übereinstimmung zwischen den beabsichtigten Ausdrücken der Modelle und der Wahrnehmung durch die Bewerter.

Einführung

Die meisten der vorhandenen Stimulussätze für emotionale Gesichter wurden in westlichen Gesellschaften und einigen wenigen Ländern in Ost- und Südasien entwickelt (The Database of Faces, Cambridge, 1; EU-Emotion Stimulus Set, O'Reilly und andere, 2; Tsinghua Facial Expression Database, Yang und andere, 3; Chicago Face Database, Ma Ds Correll & Wittenbrink, 4; The MPI Facial Expression Database, Kaulard und andere, 5; Radboud Faces Database, Langner u. a., 6; Developmental Emotional Faces Stimulus Set, Meuwissen u. a., 7, Japanese Female Facial Expression (JAFFE) Database, Lyons u. a., 8; siehe Diconne u. a., 9, und Calistra, 10, für eine umfassendere Liste), die ihre ethnische Zusammensetzung und die möglichen Auswirkungen ihrer Kultur auf ihren emotionalen Ausdruck widerspiegelt (Jack u. a., 11).

Es wurden bereits zwei Datenbanken mit iranischen Gesichtern entwickelt.

Die iranische Gesichtsdatenbank (IFDB) (Bastanfard u. a., 12) war die erste Datenbank mit Gesichtern aus dem Nahen Osten, die mit dem Ziel entwickelt wurde, ein breites Spektrum an Altersgruppen und Posen abzudecken.

Die iranische Kinect-Gesichtsdatenbank (IKFDB) (Mousavi & Mirinezhad, 13) wurde kürzlich als erste dynamische RGB-D-Datenbank für Gesichter aus dem Nahen Osten veröffentlicht.

Zusammen mit der Bogazici-Gesichtsdatenbank aus der Türkei (Saribay u. a., 14) steuern wir die einzigen validierten Datenbanken für Gesichter aus dem Nahen Osten bei.

Die iranische Datenbank für emotionale Gesichter (Iranian Emotional Face Database, IEFDB) wurde geschaffen, um den Bedarf an einer Datenbank mit standardisierten und validierten iranischen Gesichtern für entsprechende Studien zu decken.

Methoden

Vierzig gebürtige Iraner (15 Frauen) im Alter von 18–35 Jahren (Mittelwert = 26,50, SD = 4,82) stellten sich freiwillig als Gesichtsmodelle für die Datenbank zur Verfügung.

Die Kamera (Canon EOS 650D) verwendete ein 18–35-mm-Objektiv, um hochauflösende Bilder (5184 × 3456 Pixel) im Porträtmodus von den Gesichtsmodellen aufzunehmen.

Um Emotionen in den Modellen hervorzurufen, verwendeten wir persönliche Ereignisinduktion und Szenarioinduktion, wie sie in früheren Studien verwendet wurden (Ebner und andere, 15; Dalrymple und andere, 16).

Bei der persönlichen Ereignisinduktion wurden die Modelle gebeten, sich an ein Ereignis aus ihrem eigenen Leben zu erinnern, das die Zielemotion stark auslöste.

Die Modelle wurden aufgefordert, die Emotionen in ihrem Gesicht intensiv, aber natürlich zu zeigen.

In der ersten Phase nahmen die Bewerter an einer kürzeren Version des Fragebogens teil (um die Rekrutierung von Bewertern zu erleichtern), bei der nur fünf Bilder zu bewerten waren, die zufällig aus der Datenbank ausgewählt worden waren.

Ergebnisse der Validierung

Wir sammelten auch Bewertungen für Attraktivität, Valenz und Echtheit für jedes Bild von einer kleineren Anzahl von Bewertern (N = 11) und berechneten die Spearmansche Rangkorrelation (ρ) zwischen ihnen und der wahrgenommenen Intensität der Ausdrücke.

Die Valenz korrelierte stark mit Glück ($\rho = 0{,}56$, 95 % CI [0,53, 0,59]) und war schwach antikorreliert mit Ärger ($\rho = -0{,}10$, 95 % CI [−0,14, −0,06]).

Attraktivität war mit Glück korreliert ($\rho = 0{,}27$, 95 % CI [0,23, 0,30]).

Valenz und Attraktivität waren auch miteinander korreliert ($\rho = 0{,}65$, 95 % CI [0,62, 0,67]).

Die Aufrichtigkeit korrelierte im Allgemeinen mit der Intensität einer Emotion, am stärksten jedoch mit Glück ($\rho = 0{,}26$, 95 % CI [0,22, 0,29]).

Diskussion

Wir haben eine Datenbank mit grundlegenden emotionalen Ausdrücken von 40 iranischen männlichen und weiblichen Gesichtern gesammelt und validiert.

Ziel war es, qualitativ hochwertige Bilder zu erstellen, die alle sechs grundlegenden emotionalen Ausdrücke in einer kontrollierten Studioumgebung für zukünftige Forscher erfassen.

Das Screening und die Validierung der Datenbank erfolgten über eine Online-Umfrage mit Auswahlmöglichkeiten, bei der die Intensität jeder Emotion unabhängig für jedes Bild angegeben wurde.

Unsere Bilder wurden von iranischen Bewertern validiert, um die kulturübergreifenden Verwirrungseffekte zu verringern (Elfenbein & Ambady, 17).

Bei vielen Bildern, die Angst zeigen sollen, wurde ein mittlerer oder hoher Überraschungsgrad festgestellt.

In unserer Datenbank mit iranischen Modellen, die von iranischen Bewertern bewertet wurden, sind die sechs Grundemotionen Glück, Traurigkeit, Wut, Ekel, Angst und Überraschung weitgehend identifizierbar, wobei die Identifizierbarkeit bei Angst und Ekel geringer ist, was kulturspezifische Gründe haben könnte (Jack u. a., 18; Jack u. a., 11).

Danksagung

Eine maschinell erstellte Zusammenfassung, basierend auf der Arbeit von Heydari, Faeze; Sheybani, Saber; Yoonessi, Ali
   2022 in Behavior Research Methods

Soziabilität, soziale Isolation und soziale Interaktion in den ersten Monaten der COVID-19-Pandemie: eine qualitative Analyse brasilianischer, finnischer und amerikanischer Erwachsener

DOI: https://doi.org/10.1007/s43076-022-00172-9

Kurzfassung – Zusammenfassung

Die durch die Pandemie erzwungene soziale Distanzierung hat die Art und Weise, wie Menschen interagieren, verändert, und es ist wenig darüber bekannt, wie sich die Pandemie auf neue Formen der Geselligkeit ausgewirkt hat und ob die Kultur diesen Prozess beeinflusst.

Insgesamt 95 Teilnehmer (im Alter zwischen 20 und 60 Jahren), die von sozialer Isolation betroffen waren und entweder allein oder mit ihrem Partner (ohne Kinder) leben, füllten Online-Fragebögen über ihre interaktiven Erfahrungen aus.

Der Fragebogen bestand aus mehreren Auswahlmöglichkeiten, die sich auf die Häufigkeit, Art und Dauer sozialer Interaktionen vor und während der Pandemie bezogen, sowie aus offenen Fragen, die sich auf die Erfahrungen der Teilnehmer mit Online-Interaktionen während der Pandemie konzentrierten.

Die Ergebnisse zeigten erstens, dass die soziale Isolation keine signifikante Veränderung in der Zusammensetzung des sozialen Netzwerks der Teilnehmer darstellte, sondern dass familiäre Bindungen während des Zeitraums zur wichtigsten Verbindung wurden und andere Quellen der sozialen Interaktion aufgrund der Möglichkeit der Interaktion über virtuelle Mittel beibehalten wurden.

Obwohl die Häufigkeit der sozialen Interaktionen abnahm, nahm ihre Bedeutung zu.

Diese Studie legt nahe, dass virtuelle Umgebungen zwar die Art und Weise, wie Interaktionen stattfinden, verändert haben, dass aber virtuelle Begegnungen für die Aufrechterhaltung der sozialen Netzwerke der Teilnehmer unerlässlich waren.

Einführung

Wir untersuchten die sozialen Auswirkungen der COVID-19-Pandemie für alleinstehende/alleine lebende und verheiratete/zusammenlebende Erwachsene ohne Kinder in drei verschiedenen Ländern (Brasilien, Finnland und USA), wobei wir uns darauf konzentrierten, was ihre Erfahrungen über Veränderungen in der Geselligkeit aufgrund virtueller Interaktionen aussagen.

Wir sind auch der Ansicht, dass die Kultur einen Einfluss darauf hat, wie Menschen sich selbst in Bezug auf ihre Sozialpartner sehen (Markus & Kitayama, 30), und die qualitative Untersuchung, wie Menschen in Brasilien, den USA und Finnland auf die Abwesenheit von physischem Kontakt und die Nutzung virtueller Umgebungen reagieren, wird wichtige Erkenntnisse darüber liefern, wie die Pandemie kulturelle Gewohnheiten verändert.

Die Studie befasste sich mit verschiedenen Aspekten der Erfahrung sozialer Interaktion, wie z. B. den Veränderungen in den sozialen Routinen, der Wahrnehmung der Nutzung virtueller Umgebungen als alternativer Raum für soziale Interaktion und den Selbstberichten der Teilnehmer über ihre Gefühle und Gedanken während der sozialen Isolation.

Methodik

Die Umfrage bestand aus 69 Fragen zu demografischen Informationen und den sozialen Interaktionsroutinen der Teilnehmer vor und während der Pandemie sowie aus offenen, beschreibenden Fragen zu den interaktiven Erfahrungen während der Pandemie.

Die offenen Fragen betrafen insbesondere die Wahrnehmung der Teilnehmer hinsichtlich ihrer Empfindungen, Gefühle und Emotionen während ihrer virtuellen Interaktionen, die Unterschiede zwischen virtuellen und persönlichen Begegnungen, die Veränderungen in der Wahrnehmung anderer Personen während der virtuellen Interaktionen und ihre

Wahrnehmung der Bedeutung von Körperkontakt während sozialer Interaktionen, nachdem sie erlebt hatten, dass ihnen dieser entzogen wurde.

Die offenen Fragen wurden speziell für diese Studie auf der Grundlage des theoretischen Ansatzes der verkörperten Kognition konstruiert, der Sozialität als einen Prozess begreift, der von den verkörperten Möglichkeiten der Umwelt abhängt (Gallagher, 31; Gallagher & Lindgren, 32); daher fordern die Fragen die Teilnehmer auf, ihre Wahrnehmung der Interaktionserfahrung zu reflektieren und zu beschreiben (Anhang A).

Die Datenanalyse wurde in SPSS durchgeführt, um die durchschnittliche Häufigkeit sozialer Interaktionen in den verschiedenen Ländern zu untersuchen.

Ergebnisse

Es kann auch mit der Selbstregulierung zusammenhängen, wie die folgenden Aussagen zeigen: „Ich bin auch nervös, weil mein Internet nicht immer stabil ist, und ich befürchte, Informationen zu verpassen oder nicht gehört zu werden" (USA, weiblich, 30 Jahre, zusammenlebend); „Virtuelle Begegnungen sind für mich anders, was die Möglichkeit betrifft, mich körperlich auszudrücken, durch Gesten, Mimik usw. Es war für mich eine besondere Herausforderung, mit Leuten zu sprechen, die ihre Kameras während unserer Gespräche ausgeschaltet haben, da ich gerne die Reaktion meines Gesprächspartners sehe." (Finnland, weiblich, 26 Jahre alt, zusammenlebend) – Trotz der soziokulturellen Unterschiede zwischen den drei Ländern zeigen die Ansichten der Teilnehmer bezüglich der Frage, wie die virtuellen Umgebungen soziale Interaktionen neu gestalten, eine Veränderung in Bezug darauf, wer in ein Gespräch einbezogen werden kann, wie sich die Sprecher während der Interaktionen fühlen und wie die Sprecher ihr Verhalten wahrnehmen.

Diskussionen

Die vorliegende Studie eröffnet auch Raum für eine Diskussion darüber, wie die Kultur, insbesondere die unterschiedlichen Erwartungen an den sozialen Umgang mit anderen, eine wichtige Rolle bei der Definition der Art und Weise spielen kann, wie Menschen Bedeutung im Zusammenhang mit sozialer Distanzierung und virtuellen sozialen Erfahrungen konstruieren, insbesondere durch die unterschiedlichen Bedeutungen, die die Teilnehmer den verkörperten Erfahrungen während virtueller Interaktionen zuschreiben.

In Bezug auf die Frage, wie die Abwesenheit physischer Interaktion die Art und Weise beeinflusst, wie Individuen virtuelle soziale Begegnungen durchführen (agieren und umsetzen), bestätigte diese Studie die Erwartungen – die Veränderung der Konfiguration der Umgebung, in der die soziale Begegnung stattfindet, führte zu unterschiedlichen Empfindungen, Gefühlen und Gedanken über andere und die Interaktion selbst.

Die Ergebnisse dieser Studie verdeutlichen vor allem, wie wichtig es ist, methodische Ansätze weiterzuentwickeln, die das Verständnis der Individuen für ihre sozialen

Erfahrungen in alltäglichen Interaktionen in die Untersuchung der Folgen sozialer Isolation während der COVID-19-Pandemie einbeziehen und so die verschiedenen kulturell bedingten Merkmale von Geselligkeit sichtbar machen.

Abschließende Überlegungen

Diese Studie trägt zu unserem Verständnis der Erfahrungen von Personen in virtuellen Umgebungen und der Nutzung solcher Tools als Alternative für soziale Interaktionen auf Distanz bei.

Die sozialen Einschränkungen während der Pandemie haben die Situation verschärft, in der digitale Umgebungen kollektive physische Räume ersetzen, die Perspektiven und Vorstellungen über virtuelle soziale Interaktionen erweitert und die Einstellung gegenüber der extensiven Nutzung virtueller Werkzeuge im Alltag der Menschen aufgeweicht werden.

Die Nutzung virtueller Umgebungen als Alternative für soziale Interaktionen hängt von der Zugänglichkeit der Technologie und dem Vorwissen über die Nutzung solcher Ressourcen ab.

Beispiel: Virtuelle Interaktionen (d. h. Video- oder Sprachanrufe) waren eine praktikable Alternative für die Interaktion sowohl im Berufs- als auch im Privatleben, was sich auf die Art und Weise auswirkt, wie der Einzelne die soziale Isolation im Allgemeinen erlebt.

Es ist wichtig zu berücksichtigen, dass wir die Teilnehmer gebeten haben, sich rückwirkend an ihre sozialen Interaktionen vor der Pandemie zu erinnern und darüber zu berichten.

Danksagung

Eine maschinell erstellte Zusammenfassung, basierend auf der Arbeit von Ferreira, Juliene Madureira; Merçon-Vargas, Elisa A.; Midgette, Allegra J.
2022 in Trends in Psychology

Beeinflussen Kultur und Oxytocin-Rezeptor-Polymorphismen die emotionale Ausdrucksfähigkeit?

DOI: https://doi.org/10.1007/s40167-020-00091-5

Kurzfassung – Zusammenfassung

Bei der Untersuchung von japanischen und europäisch-kanadischen Studierenden fanden wir kulturelle Unterschiede in der negativen und positiven emotionalen Ausdrucksfähigkeit.

Bei den europäischen Kanadiern war die positive emotionale Ausdrucksfähigkeit größer als bei den Japanern.

Eine Reihe von multiplen Regressionsanalysen mit Geschlecht und Persönlichkeitsmerkmalen als Kontrollvariablen zeigte, dass weder die Kultur noch die beiden OXTR-Polymorphismen mit der negativen emotionalen Expressivität und der positiven emotionalen Expressivität interagieren.

Einführung

Die Möglichkeit, dass Menschen mit dem G-Allel von OXTR rs53576 eher kulturell geteilte Fähigkeiten und Verhaltensweisen, insbesondere sozio-emotionale, übernehmen, ist im Bereich der emotionalen Ausdrucksfähigkeit nicht untersucht worden.

Wir stellten daher die Hypothese auf, dass europäische Kanadier mit höherer Wahrscheinlichkeit als Japaner über emotionale Expressivität berichten würden und dass europäische Kanadier mit dem G-Allel von OXTR rs53576 mehr Emotionen ausdrücken würden als diejenigen mit dem A-Allel, da emotionale Expressivität kulturell gefördert wird.

Aufgrund der Gemeinsamkeiten untersuchten wir auch die Möglichkeit, dass OXTR rs2254298 und Kultur die emotionale Expressivität in ähnlicher Weise beeinflussen können wie OXTR rs53576 und Kultur.

Wir untersuchten zwei OXTR-Polymorphismen (rs53576 und rs2254298) und den Interaktionseffekt zwischen Gen und Kultur (Kanada vs. Japan) auf die emotionale Ausdrucksfähigkeit.

Methode

An der Studie nahmen 212 japanische Studenten der Universität Kobe (112 Frauen und 100 Männer; $M_{age} = 19,25$, SD $= 0,99$) und 249 kanadische Studenten der Universität Alberta (166 Frauen und 83 Männer; $M_{age} = 19,42$, SD $= 1,71$) teil.

Die japanischen Studenten erhielten 4000 Yen (ca. 40 USD) plus einen Bonus, der sich nach den Ergebnissen der Geldverteilungsaufgaben richtete, während die kanadischen Studenten für ihre Teilnahme eine Kursanrechnung erhielten.

Im Rahmen des Experiments wurden den japanischen und kanadischen Teilnehmern Fragebögen zu einer breiten Palette von Themen wie Selbst, Emotionen, Kognition und zwischenmenschliches Verhalten vorgelegt.

Die Teilnehmer füllten Fragebögen aus, mit denen sie ihre emotionale Ausdrucksfähigkeit und die Big-Five-Persönlichkeitseigenschaften messen konnten.

Die japanische Version der Skala (Shimonaka u. a. 19) wurde für die japanischen Teilnehmer verwendet.

Jede PCR-Mischung bestand aus DNA-Vorlagen, dem SNP-spezifischen Genotypisierungs-Assay und dem Taqman Genotype Master Mix (Thermo Fisher Scientific Inc.).

Ergebnisse

Die Japaner hatten eine signifikant höhere negative emotionale Expressivität, $F(1, 460) = 6{,}60$, $p = 0{,}01$, $\eta_p^2 = 0{,}01$, während die Kanadier eine signifikant höhere positive emotionale Expressivität hatten, $F(1, 460) = 19{,}73$, $p < 0{,}001$, $\eta_p^2 = 0{,}04$.

Es wurde kein kultureller Unterschied im Gesamtmittelwert des BEQ gefunden, $F(1, 460) = 0{,}60$, $p = 0{,}44$, $\eta_p^2 = 0{,}001$.

Die Offenheit unterschied sich nicht zwischen Kanadiern und Japanern, $F(1, 459) = 2{,}13$, $p = 0{,}15$, $\eta_p^2 = 0{,}005$.

Im Falle von OXTR rs53576 wurden Geschlecht (männlich = 0, weiblich = 1) und Persönlichkeit (Neurotizismus, Extraversion, Offenheit, Verträglichkeit und Gewissenhaftigkeit) zusammen mit den Schlüsselvariablen (d. h. Kultur [Japaner = 0, Kanadier = 1] und zwei OXTR-Dummy-Codes) eingegeben (Schritt 1).

Diskussion

Basierend auf dem Gen-Kultur-Rahmenwerk, dass individuelle Unterschiede in Bezug auf den Erwerb kulturell normativer Verhaltensweisen mit genetischen Faktoren interagieren, stellten wir die Hypothese auf, dass OXTR-Polymorphismen kulturelle Unterschiede in der emotionalen Expressivität abmildern würden.

Der BEQ könnte ungeeignet sein, um kulturelle Unterschiede in der negativen emotionalen Expressivität zu messen, die stark von sozialen Situationen und Arten von Interaktionen abhängt.

Obwohl Gross und John (20) darauf hinwiesen, dass das Ausdrucksverhalten von Personen durch die mit dem BEQ gemessene negative und positive emotionale Expressivität vorhergesagt wurde (z. B. drückten Personen, die eine höhere negative emotionale Expressivität angaben, eher Traurigkeit aus, wenn sie einen traurigen Film sahen), ist es unklar, ob und inwieweit Gene und Kultur zusammenwirken und so das tatsächliche Verhalten des emotionalen Ausdrucks beeinflussen, da sich die vorliegende Studie nur auf eine Selbsteinschätzung stützte (d. h. den BEQ).

Danksagung

Eine maschinell erstellte Zusammenfassung, basierend auf der Arbeit von Ishii, Keiko; Masuda, Takahiko; Matsunaga, Masahiro; Noguchi, Yasuki; Yamasue, Hidenori; Ohtsubo, Yohsuke
2020 in Culture and Brain

Kodierungsunterschiede zwischen prosozialen Personen und Pro-Selbst-Personen bei negativen Gefühlsäußerungen

DOI: https://doi.org/10.1007/s12144-018-9986-4

Kurzfassung – Zusammenfassung

In dieser Arbeit sollte untersucht werden, ob Personen mit einer Pro-Selbst-Orientierung negative Gesichtsausdrücke weniger genau kodieren als Personen mit einer prosozialen Orientierung, wenn sie absichtlich Gesichtsausdrücke machen.

Die Genauigkeit des Ausdrucks von Handlungseinheiten (AUs), d. h. Zusammensetzungen von Gesichtsausdrücken, wurde mithilfe eines Programms zur automatischen Dekodierung von Gesichtsausdrücken gemessen.

Untersucht wurden die mittleren Unterschiede in den Werten der AUs und deren Kombinationen der einzelnen Gesichtsausdrücke zwischen Prosozialen und Proselfs.

Im Vergleich zu prosozialen Personen drückten Probanden sowohl bei Angst- als auch bei Überraschungsmimik weniger genau das Heben der Oberlider aus, wenn die AUs bei der Baseline nicht kontrolliert wurden.

Die Ausprägung des Hebens der inneren Augenbrauen bei der Angstmimik wurde bei den Probanden unterdrückt, wenn die Ausgangs-AU kontrolliert wurde.

Diese Ergebnisse, die unsere Hypothese teilweise unterstützen, deuten darauf hin, dass Menschen mit einer Pro-Selbst-Orientierung negative Emotionen weniger akkurat ausdrücken als Prosoziale und insbesondere unterdrückte AUs der Furchtmimik zeigen.

Unsere Hypothese wird teilweise dadurch gestützt, dass Probanden schwächere Ausdrücke des Oberlidhebers (AU 5) bei Furcht sowie überraschte Gesichtsausdrücke zeigten, ohne dass die subjektspezifische Grundlinien-Gesichtsausdrucksfähigkeit kontrolliert wurde.

Soziale Wertorientierung

Es gibt eine Möglichkeit, SVO in zwei verschiedene Typen zu unterteilen (Van Lange u. a. 21): prosoziale Orientierung und Pro-Selbst-Orientierung.

Van Lange und andere (21, S. 799) stellten fest, dass Prosoziale dazu neigen, „die Ergebnisse für sich selbst und andere zu maximieren und die Unterschiede zwischen diesen Ergebnissen zu minimieren", und dass Prosopathen eher dazu neigen, „die Ergebnisse für sich selbst zu maximieren, sei es in einem absoluten oder in einem relativen Sinne".

De Cremer und Van Lange (22) zufolge waren Prosoziale sozial verantwortungsbewusster und eher in der Lage als Proselfs, eine positive Beziehung zu anderen aufzubauen.

Stouten und andere (23) schlugen außerdem vor, dass Prosoziale und Proselfs auf unterschiedliche soziale Regeln reagieren könnten.

Prosoziale Menschen brachten unabhängig von der Belohnung negative Emotionen zum Ausdruck, während Proselfs deutlich stärkere negative Emotionen zeigten, wenn sie die Belohnung nicht erhielten.

Dieses Ergebnis zeigte, dass Prosoziale negative Emotionen ausdrückten, wenn die Gleichheitsregel beeinträchtigt wurde, während Proselfs dies nicht taten.

Dies verdeutlichte den Unterschied zwischen prosozialen Personen und solchen mit einer Pro-Selbst-Orientierung, der sich in emotionalen Reaktionen zeigt.

Soziale Wertorientierung und Gesichtsausdrücke

Andere Studien haben gezeigt, dass Prosoziale im Vergleich zu Proselfs häufiger nicht nur positive, sondern auch negative Emotionen ausdrücken (Schug u. a. 24).

Die Mimik der Teilnehmer wurde während des Ultimatumspiels auf Video aufgezeichnet, und die Untersuchung der Ausdruckskraft ihrer Mimik ergab, dass Prosoziale emotional ausdrucksstärker waren als Proselfs.

Diese früheren Studien (Kaltwasser u. a. 25; Schug u. a. 24) lieferten zwar wichtige Hinweise darauf, dass Prosozialität mit einer gesteigerten emotionalen Ausdrucksfähigkeit verbunden sein kann, doch basiert diese Schlussfolgerung nur auf spontanen und nicht auf gestellten Gesichtsausdrücken.

Wir konzentrierten uns auf die Messung der sozial erworbenen emotionalen Kompetenz, die durch bewusst gesetzte Gesichtsausdrücke gemessen wurde, und untersuchten speziell, ob es einen Unterschied in den gesetzten Gesichtsausdrücken zwischen Prosozialen und Proselfs gibt.

Hypothese: Proselfs würden negative Emotionen weniger genau ausdrücken als Prosoziale, wenn sie ihrem Gesicht absichtlich einen mimischen Ausdruck verleihen.

Methode

In der aktuellen Studie wurde der Gesichtsausdruck von sechs universellen Emotionen untersucht, nämlich Wut, Ekel, Angst, Glück, Traurigkeit und Überraschung, wie von Ekman und Friesen (26) vorgeschlagen.

Daher wurden in der vorliegenden Studie nur sechs Gesichtsausdrücke berücksichtigt.

Mithilfe eines t-Tests wurde untersucht, ob es Unterschiede in der Mimik und den AUs zwischen Prosozialen und Proselfs gibt.

Dieses Programm erkannte und klassifizierte automatisch die AUs von sieben Emotionsausdrücken, nämlich Wut, Ekel, Angst, Freude, Traurigkeit, Überraschung und Verachtung, basierend auf dem Facial Action Coding System (FACS) von Ekman und Friesen (27).

Als in McDuff und andere (28) geschulte Computerklassifikatoren dieses Programms mit der Codierung von AUs in Gesichtsausdrücken im Video verschiedener Bildsets beauftragt wurden, zeigten sie eine Inter-Coder-Reliabilität, freies marginales Kappa, von 0,78 bis 0,95.

Um solche individuellen Unterschiede zu kontrollieren, wurden der Ausgangsgesichtsausdruck und ihre AUs gemessen.

Ergebnisse

Eine anschließende Bonferroni-Analyse ergab, dass die mittlere Valenz der negativen Gefühlsausdrücke (d. h. Traurigkeit, Wut, Angst und Ekel) negativ war und sich signifikant von derjenigen der positiven Gefühlsausdrücke (d. h. Freude) unterschied.

Proselfs zeigten einen signifikant schwächeren Ausdruck als Prosoziale beim Oberlidheben (AU 5), sowohl beim Furchtmimikausdruck, $t(70) = -2,31$, $p < 0,05$, Cohens $d = 0,53$, als auch beim Überraschungsmimikausdruck, $t(70) = -2,52$, $p < 0,05$, Cohens $d = 0,60$.

Der einzige signifikante Gruppenunterschied wurde beim Gesichtsausdruck der Angst festgestellt.

Proselfs zeigten eine signifikant schwächere Ausprägung als Prosoziale in Inner Brow Raiser (AU 1), $t(70) = -2,03$, $p < 0,05$.

Keine signifikanten Gruppenunterschiede wurden bei allen anderen AUs im Furchtmimikausdruck sowie bei den anderen Mimikausdrücken gefunden.

Diskussion

In der vorliegenden Studie sollte untersucht werden, ob Proselfs bei der Codierung von absichtlich gesetzten negativen Gesichtsausdrücken weniger genau sind als Prosoziale.

Bei der Kontrolle der subjektspezifischen Ausgangsgesichtsausdrücke war der Ausdruck „innere Augenbrauen heben" (AU 1) des Angstgesichtsausdrucks bei Proselfs weniger genau als bei Prosozialen.

Diese Ergebnisse stehen im Einklang mit unserer Hypothese, dass Probanden mit größerer Wahrscheinlichkeit eine verringerte Gesichtsausdruckskraft für negative Emotionen zeigen. Eine solche verringerte emotionale Ausdruckskraft ist besonders dominant für Angst.

Eine alternative Erklärung könnte sein, dass Prosoziale besser in der Lage sind, einen ängstlichen Gesichtsausdruck zu zeigen, weil sie sensibler für angstbezogene Emotionen sind.

Obwohl das Zeigen starker negativer Emotionen in der Öffentlichkeit manchmal auf eine Funktionsstörung hinweisen kann (Diener u. a. 29), ist ein stärkerer Ausdruck von Angst im Gesicht bei Prosozialen möglicherweise nicht darauf zurückzuführen. Denn unsere Korrelationsanalyse ergab, dass Prosoziale psychosozial besser funktionieren könnten als Proselfs.

Fünftens zeigte diese Studie, dass Prosoziale einen stärkeren emotionalen Ausdruck des Überraschungsmimiks zeigen als Proselfs.

Danksagung

Eine maschinell erstellte Zusammenfassung, basierend auf der Arbeit von Lee, Hyun-suk; Kim, Sojeong; Kim, Hack-jin; Ko, Young-gun
  2018 in Current Psychology

Negative Stereotypen über die Emotionalität von Teenagern: Wechselseitige Beziehungen zum emotionalen Funktionieren in Hongkong und Festlandchina

DOI: https://doi.org/10.1007/s10964-020-01303-0

Kurzfassung – Zusammenfassung

Diese Längsschnittstudie untersuchte die wechselseitigen Beziehungen zwischen den negativen Stereotypen von Teenager-Emotionalität und dem emotionalen Funktionieren von Jugendlichen (d. h. emotionale Ausdrucksfähigkeit und Emotionsregulation) in Hongkong und Festlandchina, zwei Regionen in China, die kulturelle chinesischeTraditionen teilen, sich aber im Ausmaß der Exposition gegenüber westlichen Einflüssen unterscheiden (N = 1269; 55 % Mädchen; M Alter = 12,86 Jahre).

Obwohl Jugendliche in Hongkong die Teenagerjahre eher als eine Zeit erhöhter Emotionalität ansahen als ihre Altersgenossen auf dem chinesischen Festland, zeigten solche Stereotypen in beiden Regionen eine größere emotionale Ausdrucksfähigkeit und eine geringere Emotionsregulierung der Jugendlichen in der 7.

In beiden Regionen sagte die negative Ausdrucksfähigkeit der Jugendlichen im Laufe der Zeit ihre stärkeren Stereotypen über die Emotionalität von Jugendlichen voraus.

Diese Ergebnisse zeigen, dass die Stereotypen der Jugendlichen über die Emotionalität von Teenagern ihre emotionale Ausdrucksfähigkeit und Emotionsregulation in der frühen Adoleszenz prägen und dass die negative Ausdrucksfähigkeit der Jugendlichen ihre Stereotypen verstärkt.

Einführung

Um diese Lücke zu schließen, untersuchte die aktuelle Zwei-Wellen-Längsschnittstudie die wechselseitigen Beziehungen zwischen den negativen Stereotypen von Teenager-Emotionalität und dem emotionalen Funktionieren von Jugendlichen (d. h. emotionale Ausdrucksfähigkeit und Emotionsregulierung) in zwei verschiedenen Regionen Chinas, die unterschiedlich stark dem westlichen Einfluss ausgesetzt sind (d. h. Hongkong, eine ehemalige britische Kolonie von 1841 bis 1997 und seit 1997 eine Sonderverwaltungsregion Chinas, und Chongqing, eine Stadt im Landesinneren).

Da die westliche Kultur seit langem sowohl negative Ansichten über Teenager als auch ausdrucksstarke und weniger kontrollierte Emotionen im Allgemeinen vertritt, ist es möglich, dass Jugendliche in Hongkong mit stärkerem westlichen Einfluss (im Vergleich zu Jugendlichen in Festlandchina mit weniger westlichem Einfluss) eher westlich-populäre negative Stereotypen über Teenager übernehmen und die Jugendjahre als eine Zeit größerer Emotionalität ansehen.

Aktuelle Studie

In Anbetracht der möglichen Rolle negativer Stereotypen über die Emotionalität von Jugendlichen bei der Gestaltung ihres emotionalen Funktionierens während der Adoleszenz, was wiederum langfristige Auswirkungen auf die psychische Gesundheit im späteren Leben haben kann, wurde eine zweiwöchige Längsschnittstudie über sechs Monate während der frühen Adoleszenz durchgeführt, um die wechselseitigen Beziehungen zwischen den Stereotypen von Jugendlichen und der emotionalen Ausdrucksfähigkeit sowie der Emotionsregulierung in Hongkong und Festlandchina (insbesondere in der Stadt Chongqing im Landesinneren) zu untersuchen.

Es sollte untersucht werden, ob sich Jugendliche in Hongkong und Festlandchina in ihren negativen Stereotypen über die Emotionalität von Teenagern unterscheiden, wobei davon ausgegangen wurde, dass Jugendliche in Hongkong (im Vergleich zu Festlandchina) die Teenagerjahre eher als eine Zeit erhöhter Stimmungsschwankungen ansehen.

Methoden

Es wurde der Mittelwert der Items genommen, wobei höhere Zahlen eine größere negative Expressivität anzeigen (αs = 0,76 bei beiden Wellen in Hongkong und 0,74 bei Welle 1 und 0,79 bei Welle 2 in Festlandchina).

Es wurde der Mittelwert der Items genommen, wobei höhere Zahlen für eine stärkere Nutzung der kognitiven Aufarbeitung zur Emotionsregulierung stehen (αs = 0,79 bei Welle 1 und 0,81 bei Welle 2 in Hongkong und 0,75 bei Welle 1 und 0,80 bei Welle 2 in Festlandchina).

Es wurde der Mittelwert der Items genommen, wobei höhere Zahlen auf eine stärkere Verwendung von Unterdrückung zur Regulierung von Emotionen hinweisen (αs = 0,83 bei Welle 1 und 0,85 bei Welle 2 in Hongkong und 0,81 bei Welle 1 und 0,84 bei Welle 2 in Festlandchina).

Ergebnisse

Bei der Untersuchung der wechselseitigen Beziehungen zwischen den Stereotypen der Jugendlichen und ihrer negativen Ausdrucksfähigkeit unter Verwendung separater, verzögerter Modelle passen alle Modelle gut zu den Daten, χ^2 s < 1,36, CFIs > 0,99, TLIs > 0,99,

RMSEAs < 0,02, wobei die eingeschränkten Modelle „gleicher Stereotypenpfad" und „gleicher emotionaler Funktionspfad" ebenso gut zu den Daten passen wie das Basismodell, $\Delta\chi^2$ s < 1,36, ps > 0,24, was auf ähnliche zeitliche Beziehungen zwischen den Stereotypen der Jugendlichen und ihrer negativen Expressivität in Hongkong und Festlandchina hinweist.

Bei der Untersuchung der wechselseitigen Beziehungen zwischen den Stereotypen der Jugendlichen und ihrer Nutzung der kognitiven Aufarbeitung allein unter Verwendung separater verzögerter Modelle passen alle Modelle gut zu den Daten, χ^2 s < 0,11, CFIs = 1,00, TLIs = 1,00, RMSEAs < 0,00, wobei die eingeschränkten Modelle „gleicher Stereotypenpfad" und „gleicher emotionaler Funktionspfad" ebenso gut zu den Daten passen wie das Basismodell, $\Delta\chi^2$ s < 0,11, ps > 0,94, was auf ähnliche zeitliche Beziehungen zwischen den Stereotypen der Jugendlichen und ihrer Verwendung kognitiver Beurteilungen in Hongkong und Festlandchina hinweist.

Diskussion

Die aktuelle Studie untersuchte die negativen Stereotypen von Jugendlichen in Bezug auf ihre Emotionalität und die wechselseitigen Beziehungen zwischen solchen Stereotypen und der emotionalen Funktionsweise von Jugendlichen (d. h. emotionale Ausdrucksfähigkeit und Emotionsregulation) in Hongkong und Festlandchina, zwei Regionen in China, die sich trotz des gemeinsamen chinesischen Kulturerbes im Ausmaß der Exposition gegenüber westlichen Einflüssen unterscheiden.

Die Ergebnisse stimmen im Allgemeinen mit den Erwartungen überein und zeigen, dass die negativen Stereotypen über die Emotionalität von Teenagern bei Jugendlichen im westlicheren Hongkong stärker ausgeprägt sind als in Festlandchina.

Zukünftige Forschungen, die sich über einen längeren Zeitraum über die Jahre der Adoleszenz erstrecken, sind erforderlich und können auch die in der aktuellen Studie offen gelassene Frage beantworten, ob die Unterschiede zwischen den negativen Stereotypen über die Emotionalität von Jugendlichen in Hongkong und auf dem chinesischen Festland zu Beginn der Adoleszenz allmählich zu Unterschieden in ihrer emotionalen Ausdrucksfähigkeit und Emotionsregulierung führen.

Schlussfolgerung

Die aktuelle Studie untersuchte die wechselseitigen Beziehungen zwischen den negativen Stereotypen von Teenager-Emotionalität und den emotionalen Funktionen von Jugendlichen (d. h. emotionale Ausdrucksfähigkeit und Emotionsregulierung) in Hongkong und Festlandchina, zwei Regionen in China, die kulturelle chinesische Traditionen teilen, aber unterschiedlich stark westlichem Einfluss ausgesetzt sind.

Je mehr Jugendliche in den beiden Regionen die Teenagerjahre als eine Zeit erhöhter Emotionalität betrachteten, desto ausdrucksstärker waren sie in Bezug auf ihre Emotionen – positive oder negative Emotionen – und desto weniger nutzten sie Strategien der kognitiven Aufarbeitung und Unterdrückung, um ihre Emotionen sechs Monate später zu regulieren, wenn man ihre anfängliche emotionale Funktion berücksichtigt.

Umgekehrt sahen Jugendliche, die ihre negativen Emotionen stärker zum Ausdruck brachten, die Teenagerjahre sechs Monate später eher als eine Zeit erhöhter Emotionalität an, wobei sie ihre anfänglichen Stereotypen berücksichtigten, was auf einen Kreislauf hindeutet, in dem sich die Überzeugungen und das Verhalten der Jugendlichen gegenseitig beeinflussen.

Danksagung

Eine maschinell erstellte Zusammenfassung, basierend auf der Arbeit von Qu, Yang; Rompilla, David B.; Wang, Qian; Ng, Florrie Fei-Yin
    2020 in Journal of Youth and Adolescence

Literatur

1. Cambridge, A. T. L. (2001). The ORL Database of Faces. Retrieved from http://cam-orl.co.uk/facedatabase.html . Retrieved 10 September 2020, from University of Cambridge http://cam-orl.co.uk/facedatabase.html
2. O'Reilly, H., Pigat, D., Fridenson, S., Berggren, S., Tal, S., Golan, O., et al. (2016). The EU-emotion stimulus set: a validation study. Behavior Research Methods, 48(2), 567–576.
3. Yang, T., Yang, Z., Xu, G., Gao, D., Zhang, Z., Wang, H., ... Sun, P. (2020). Tsinghua facial expression database–A database of facial expressions in Chinese young and older women and men: Development and validation. PloS One, 15(4), e0231304.
4. Ma, D. S., Correll, J., & Wittenbrink, B. (2015). The Chicago face database: A free stimulus set of faces and norming data. Behavior Research Methods, 47(4), 1122–1135.
5. Kaulard, K., Cunningham, D. W., Bülthoff, H. H., & Wallraven, C. (2012). The MPI facial expression database – a validated database of emotional and conversational facial expressions. PloS one, 7(3), e32321.
6. Langner, O., Dotsch, R., Bijlstra, G., Wigboldus, D. H., Hawk, S. T., & Van Knippenberg, A. D. (2010). Presentation and validation of the Radboud Faces Database. Cognition and emotion, 24(8), 1377–1388.
7. Meuwissen, A. S., Anderson, J. E., & Zelazo, P. D. (2017). The creation and validation of the developmental Emotional Faces Stimulus Set. Behavior Research Methods, 49(3), 960–966.
8. Lyons, M., Kamachi, M., Gyoba, J. (2017). Japanese Female Facial Expression (JAFFE) Database. figshare. Journal Contribution. https://doi.org/10.6084/m9.figshare.5245003.v2.
9. Diconne, K., Kountouriotis, G. K., Paltoglou, A. E., Parker, A., & Hostler, T. J. (2006). Presenting KAPODI–The Searchable Database of Emotional Stimuli Sets. Emotion Review, 17540739211072803.

10. Calistra, C. (2015). 60 Facial Recognition Databases. Retrieved from https://www.kairos.com/blog/60-facial-recognition-databases on Sep 15, 2021.

11. Jack, R. E., Garrod, O. G., Yu, H., Caldara, R., & Schyns, P. G. (2012). Facial expressions of emotion are not culturally universal. Proceedings of the National Academy of Sciences, 109(19), 7241–7244.

12. Bastanfard, A., Nik, M. A., & Dehshibi, M. M. (2007). Iranian face database with age, pose and expression. Paper presented at the 2007 International Conference on Machine Vision.

13. Mousavi, S. M. H., & Mirinezhad, S. Y. (2021). Iranian kinect face database (IKFDB): a color-depth based face database collected by kinect v. 2 sensor. SN. Applied Sciences, 3(1), 1–17.

14. Saribay, S. A., Biten, A. F., Meral, E. O., Aldan, P., Třebický, V., & Kleisner, K. (2018). The Bogazici face database: Standardized photographs of Turkish faces with supporting materials. PloS One, 13(2), e0192018.

15. Ebner, N. C., Riediger, M., & Lindenberger, U. (2010). FACES – A database of facial expressions in young, middle-aged, and older women and men: Development and validation. Behavior Research Methods, 42(1), 351–362.

16. Dalrymple, K. A., Gomez, J., & Duchaine, B. (2013). The Dartmouth Database of Children's Faces: Acquisition and validation of a new face stimulus set. PloS One, 8(11), e79131.

17. Elfenbein, H. A., & Ambady, N. (2002). On the universality and cultural specificity of emotion recognition: a meta-analysis. Psychological Bulletin, 128(2), 203.

18. Jack, R. E., Blais, C., Scheepers, C., Schyns, P. G., & Caldara, R. (2009). Cultural confusions show that facial expressions are not universal. Current Biology, 19(18), 1543–1548.

19. Shimonaka, Y., Nakazato, K., Gondo, Y., & Takayama, M. (1999). NEO-PI-R, NEO-FFI manual for the Japanese version (revised and enlarged ed). Tokyo, Japan: Tokyo Shinri.

20. Gross, J. J., & John, O. P. (1997). Revealing feelings: facets of emotional expressivity in self-reports, peer ratings, and behavior. Journal of Personality and Social Psychology, 72, 435–448.

21. Van Lange, P. A., Vugt, M. V., Meertens, R. M., & Ruiter, R. A. (1998). A social dilemma analysis of commuting preferences: The roles of social value orientation and trust. Journal of Applied Social Psychology, 28(9), 796–820.

22. De Cremer, D., & Van Lange, P. (2001). Why prosocials exhibit greater cooperation than proselfs: The roles of social responsibility and reciprocity. European Journal of Personality, 15(1), S5–S18.

23. Stouten, J., De Cremer, D., & Van Dijk, E. (2005). All is well that ends well, at least for proselfs: Emotional reactions to equality violation as a function of social value orientation. European Journal of Social Psychology, 35(6), 767–783.

24. Schug, J., Matsumoto, D., Horita, Y., Yamagishi, T., & Bonnet, K. (2010). Emotional expressivity as a signal of cooperation. Evolution and Human Behavior, 31(2), 87–94.

25. Kaltwasser, L., Hildebrandt, A., Wilhelm, O., & Sommer, W. (2017a). On the relationship of emotional abilities and prosocial behavior. Evolution and Human Behavior, 38(3), 298–308.

26. Ekman, P., & Friesen, W. V. (1986). A new pan-cultural facial expression of emotion. Motivation and Emotion, 10(2), 159–168.

27. Ekman, P., & Friesen, W. V. (1978). Manual for the facial action coding system. Paolo Alto, CA: Consulting Psychologists Press.

28. McDuff, D., Kodra, E., Kaliouby, R., & LaFrance, M. (2017). A large-scale analysis of sex differences in facial expressions. PloS One, 12(4), e0173942. https://doi.org/10.1371/journal.pone.0173942.

29. Diener, E., Wirtz, D., Tov, W., Kim-Prieto, C., Choi, D. W., Oishi, S., & Biswas-Diener, R. (2010). New well-being measures: Short scales to assess flourishing and positive and negative feelings. Social Indicators Research, 97(2), 143–156.

30. Markus, H. R., & Kitayama, S. (2010). Culture and selves: A cycle of mutual constitution. Perspectives on Psychological Science, 5(4), 420–430. https://doi.org/10.1177/1745691610375557.
31. Gallagher, S. (2005). How the body shapes the mind. Clarendon.
32. Gallagher, S., & Lindgren, R. (2015). Enactive metaphors: Learning through full-body engagement. Educational Psychology Review, 27(3), 391–404. https://doi.org/10.1007/s10648-15-9327-1.
33. Ferreira, J.M., Merçon-Vargas, E.A. & Midgette, A.J. Sociability, Social Isolation, and Social Interaction During the First Months of COVID-19 Pandemic: a Qualitative Analysis of Brazilian, Finnish, and American Adults. *Trends in Psychol.* (2022). https://doi.org/https://doi.org/10.1007/s43076-022-00172-9
34. Ishii, K., Masuda, T., Matsunaga, M. *et al.* Do culture and oxytocin receptor polymorphisms interact to influence emotional expressivity?. *Cult. Brain* **9**, 20–34 (2021). https://doi.org/https://doi.org/10.1007/s40167-020-00091-5
35. Heydari F, Sheybani S, Yoonessi A. Iranian emotional face database: Acquisition and validation of a stimulus set of basic facial expressions. Behav Res Methods. 2023 Jan;55(1):143-150. doi: https://doi.org/10.3758/s13428-022-01812-9.
36. Lee, Hs., Kim, S., Kim, Hj. *et al.* Encoding differences in posed negative emotional expressions between prosocials and proselfs. *Curr Psychol* **40**, 719–730 (2021). https://doi.org/https://doi.org/10.1007/s12144-018-9986-4
37. Qu, Y., Rompilla, D.B., Wang, Q. *et al.* Youth's Negative Stereotypes of Teen Emotionality: Reciprocal Relations with Emotional Functioning in Hong Kong and Mainland China. *J Youth Adolescence* **49**, 2003–2019 (2020). https://doi.org/https://doi.org/10.1007/s10964-020-01303-0

Emotionale Anerkennung in verschiedenen Kulturen

2

Thu Trang Vu, Dung Vu und Thi Mai Lan Nguyen

Schlüsselwörter

emotionale Erkennung · emotionale Wahrnehmung · kontextabhängige Verarbeitung · Gesichtsaktionseinheit · Beurteilungsmuster

Während es beim Gefühlsausdruck darum geht, die eigenen Emotionen zu zeigen (und manchmal auch zu verbergen), emotionale anerkennung, dass man emotionale Hinweise anderer erkennt und sie mit dem vorhandenen Wissen über den Gefühlsausdruck abgleicht. Mit anderen Worten: Emotionserkennung spiegelt die Fähigkeit wider, die Emotionen anderer zu lesen. Folglich ist die emotionale Erkennung, auch emotionale Wahrnehmung genannt, eine der vier Komponenten der emotionalen Intelligenz (Salovey & Mayer, 87).

In diesem Kapitel werden 7 Studien zum kulturübergreifenden Vergleich der emotionalen Anerkennung vorgestellt. In der kulturübergreifenden Forschung zur Emotionserkennung sind die kulturellen Unterschiede deutlicher als die kulturellen Gemeinsamkeiten. Die Unterschiede bestehen sowohl bei der vokalen Emotionserkennung (siehe Cosme et al., 90) als auch bei der Gesichtsemotionserkennung (siehe Masuda et al., 91; Möller et al., 94).

Bei der Untersuchung der Mechanismen, die diese Unterschiede erklären, stützen sich Psychologen auf kulturelle Unterschiede in der Wahrnehmung. Frühere Studien haben

T. T. Vu (✉)
Faculty of Psychology and Education, Hanoi National University of Education, Hanoi, Vietnam
E-Mail: trangvt@hnue.edu.vn

D. Vu · T. M. L. Nguyen
Institute of Psychology, Hanoi, Vietnam

durchweg ergeben, dass Kollektivisten eine ganzheitliche, kontextabhängige Verarbeitung verwenden, bei der Hintergrund- und Kontextinformationen während der Wahrnehmung berücksichtigt werden (Chua et al., 88; Masuda & Nisbett, 89). Dieses holistische, kontextabhängige Verarbeitungsmuster dominiert auch die Forschung zur Emotionserkennung. In diesem Kapitel finden die Leserinnen und Leser Studien von Masuda, Gosselin und Nomura (91), in denen untersucht wurde, wie japanische Kinder sich auf Gesichtsaktionseinheiten stützen, um Emotionen von einem frühen Alter an genau zu erkennen, und damit den ganzheitlichen Ansatz zur Emotionserkennung demonstrieren. Deng, An und You (92) berichten, wie Kollektivisten den sozialen Kontext nutzen, um Emotionen zu verarbeiten. Cosme et al. (90) verglichen die Geschwindigkeit und Genauigkeit der Erkennung von Emotionen in Stimmen von Mitgliedern der Ingroup mit denen von Mitgliedern der Outgroup, um die Rolle des vertrauten Kontextes bei der Erkennung von Emotionen in kontextstarken Kulturen zu unterstreichen. Cong, Keltner und Sauter (93) berichteten ebenfalls über kulturell unterschiedliche Bewertungsmuster im Zusammenhang mit verschiedenen Emotionen. Interessanterweise berichteten Möller, Bull und Aschersleben (94) von kulturellen Unterschieden in der Geschwindigkeit der Emotionserkennung, aber nicht im Emotionsverständnis. Zusammengenommen zeigen diese Studien, dass es nicht die Geschwindigkeit der kognitiven Verarbeitung ist, die kulturübergreifende Unterschiede in der Emotionserkennung erklärt, sondern die Art der Verarbeitung und das emotionale Wissen, die die Genauigkeit und Geschwindigkeit der Emotionserkennung in einem bestimmten Kontext bestimmen.

Auf der Grundlage dieses Mechanismus wurde Achtsamkeit als eine Trainingsmethode betrachtet, die Menschen helfen soll, Emotionen anhand von Details besser zu erkennen, und wir haben in diesem Kapitel eine Studie über Achtsamkeit aufgenommen, um den oben genannten Mechanismus weiter zu unterstützen. Shankland et al. (95) fanden Belege für die Wirksamkeit des Achtsamkeitstrainings bei der Förderung der Bottom-up-Verarbeitung von emotionalen Hinweisen. Es ist wichtig anzumerken, dass die Ergebnisse in Bezug auf Achtsamkeitstraining bei der emotionalen Erkennung gemischt bleiben. Shankland und Kollegen wiesen darauf hin, dass einige Studien konsistente Ergebnisse über alle Altersgruppen hinweg erbrachten, wohingegen andere Studien zu gegensätzlichen Ergebnissen zwischen Kindern und Erwachsenen kamen. Um einen konsistenten Trend aufzuzeigen, sind Wiederholungen erforderlich.

In Kap. 2 enthaltene Veröffentlichungen

Kulturelle Unterschiede in der vokalen Emotionserkennung: eine Verhaltens- und Hautleitfähigkeitsstudie in Portugal und Guinea-Bissau | DOI: https://doi.org/10.1007/s00426-021-01498-2

Das Wissen japanischer Kinder über die Gesichtskomponenten der Grundemotionen | DOI: https://doi.org/10.1007/s10919-017-0272-1

Interkulturelle Unterschiede in der Verarbeitung von sozialen und nicht-sozialen positiven Emotionen: Eine ERP-Studie | DOI: https://doi.org/10.1007/s12144-021-02604-8

Kulturelle Unterschiede in den Beurteilungsmustern für neun positive Emotionen |
DOI: https://doi.org/10.1007/s41809-022-00098-9

Kultur prägt die Emotionserkennung, aber nicht das Emotionsverständnis von Vorschulkindern: eine kulturübergreifende Studie in Deutschland und Singapur | DOI: https://doi.org/10.1007/s41809-021-00093-6

Achtsamkeit und De-Automatisierung: Wirkung von achtsamkeitsbasierten Interventionen auf die Verarbeitung emotionaler Gesichtsausdrücke | DOI: https://doi.org/10.1007/s12671-020-01515-2

Kulturelle Unterschiede in der vokalen Emotionserkennung: eine Verhaltens- und Hautleitfähigkeitsstudie in Portugal und Guinea-Bissau

DOI: https://doi.org/10.1007/s00426-021-01498-2

Kurzfassung – Zusammenfassung

Kulturübergreifende Studien zur Erkennung von Emotionen in nonverbalen Äußerungen stützen nicht nur die Universalitätshypothese für die angeborenen Merkmale, sondern auch einen gruppeninternen Vorteil für kulturabhängige Merkmale.

Wir untersuchten, ob die Einwohner von Guinea-Bissau (westafrikanische Kultur) und Portugal (westeuropäische Kultur), die hinsichtlich des sozioökonomischen Bildungsstatus, des Geschlechts und der Sprache gleich sind, bei der Erkennung von Emotionen durch nonverbale Vokalisationen portugiesischer Individuen unterschiedlich auf Verhalten und autonomes System reagieren.

Die wahrgenommene Authentizität, die zum ersten Mal in der kulturübergreifenden nonverbalen Forschung gemessen wurde, ergab keinen Unterschied zwischen den Kulturen in Bezug auf die Genauigkeit, aber immer noch eine langsamere Reaktion der Outgroup.

Wir liefern – soweit wir wissen – die erste Darstellung, wie die Hautleitfähigkeitsreaktion zwischen nonverbal vokalisierten Emotionen variiert, mit signifikanten Unterschieden (p < 0,05).

Wir liefern demografisch und sprachlich abgestimmte verhaltens- und psychophysiologische Daten, die kulturelle und emotionale Auswirkungen auf die vokale Emotionserkennung und die wahrgenommene Authentizität sowie die Universalitätshypothese belegen.

Einführung

Die universelle Erkennung der positiven Emotionen Leistung und Freude konnte nicht bestätigt werden, da die Himba-Teilnehmer bei den englischen nonverbalen Vokalisierungen nicht überdurchschnittlich gut abschnitten.

Trotz dieser Ergebnisse liefert dieselbe Studie starke Beweise für das universelle Erkennen von Traurigkeit, Ekel, Angst, Ehrfurcht, Belustigung, Schmerz und Zufriedenheit, indem sie beobachtet, dass mehrere Kulturen diese Emotionen über dem Wahrscheinlichkeitsniveau erkennen.

In einer Studie, in der die Vokalisationen englischer Eingeborener verwendet wurden, wurde berichtet, dass die Himba-Teilnehmer nur Belustigung signifikant über dem Wahrscheinlichkeitsniveau erkannten, während die US-Teilnehmer dies für alle Emotionen (Belustigung, Wut, Ekel, Angst, Erleichterung, Traurigkeit, sinnliche Freude, Überraschung und Triumph) taten (Gendron et al. 1).

Eine Studie, in der nonverbale Äußerungen aus beiden untersuchten Kulturen (Englisch und Himbas) verwendet wurden (Sauter u. a. 2), stützt die Universalitätshypothese eher für negative als für positive Emotionen, indem sie zeigt, dass Himbas mehr negative (Wut, Ekel, Angst und Traurigkeit) als positive (Freude) Emotionen erkannten, die von englischen Sprechern oberhalb der Wahrscheinlichkeitsschwelle geäußert wurden, während englische Teilnehmer alle Emotionen von Himba-Sprechern oberhalb der Wahrscheinlichkeitsschwelle erkannten.

Materialien und Methoden

Für die weiteren statistischen Analysen wurden vier Messgrößen extrahiert: (a) der prozentuale Anteil der SCR pro Emotion, berechnet als Summe der SCR-Werte aller Versuche innerhalb jeder Emotionsstufe (d. h. Freude, Erleichterung, Vergnügen, Traurigkeit, Angst, Wut); und (b) die SCR-Latenz, (c) Anstiegszeit und (d) Amplitude, indem die Latenz, die Anstiegszeit bzw. die Amplitude der SCR aller korrekten Versuche (d. h. der Teilnehmer, die die Emotion richtig erkannten) nach Emotionsstufe gemittelt wurden.

Als Maß für die ANOVA-Effektgröße verwendeten wir das partielle Eta-Quadrat (η_p^2) und betrachteten die folgenden Standardbereiche: unter 0,01 als geringfügige, 0,01–0,06 als kleine, 0,06–0,14 als mittlere und über 0,14 als große Effektgrößen (Cohen 3; Richardson 4); bei Post-hoc-Vergleichen geben wir auch Cohens d an. Darüber hinaus haben wir in der Emotionserkennungsaufgabe getestet, ob Portugiesen und Guinea-Bissauer die nonverbalen Vokalisationen auf einem Niveau zuordnen, das über dem Zufall liegt, indem wir zwei Chi-Quadrat-Tests durchgeführt haben, einen für jede Nationalität.

Ergebnisse

Sowohl portugiesische als auch guineisch-bissauische Hörer erkannten westeuropäische nonverbale Vokalisationen auf einem Niveau, das statistisch signifikant über dem Zufall für jede einzelne Emotion und alle Emotionen zusammen lag [Portugiesisch: global (χ^2 (30) = 7038,11, p < 0,001), und emotionsspezifisch (χ^2 (6) = 1744,25 für Belustigung, χ^2 (6) = 1408,22 für Vergnügen, χ^2 (6) = 1288,18 für Erleichterung, χ^2 (6) = 1096,63 für Angst, χ^2 (6) = 1602,72 für Ärger und χ^2 (6) = 1006,04 für Traurigkeit; alle p < 0,001); Guinea-Bissauisch: global (χ^2 (30) = 4230,43, p < 0,001), und emotionsspezifisch

(χ^2 (6) = 1011,24 für Belustigung, χ^2 (6) = 291,21 für Vergnügen, χ^2 (6) = 718,99 für Erleichterung, χ^2 (6) = 865,73 für Angst, χ^2 (6) = 1042,27 für Ärger und χ^2 (6) = 613,29 für Traurigkeit; alle p < 0,001)].

Dies führte dazu, dass das Guinea-Bissauische bei der Erkennung von Vergnügen, Freude, Traurigkeit und Wut signifikant schlechter abschnitt als das Portugiesische (dieser Unterschied war bei Vergnügen signifikant größer als bei Freude, Traurigkeit und Wut), bei Erleichterung und Angst aber ähnlich gut abschnitt.

Hautleitfähigkeitsreaktion während der Emotionserkennungsaufgabe

Der Ausgangswert der SCL unterschied sich statistisch nicht zwischen den Nationalitäten [t(53) = − 1,00, p = 0,324, M = − 3,81, SD = 2,81].

Der Effekt war bei Erleichterung geringer, obwohl Guinea-Bissauer sowohl bei Freude als auch bei Erleichterung eine geringere SCR-Latenz als Portugiesen aufwiesen.

Beziehung zwischen Emotionserkennung und Authentizitätsaufgaben

Die Korrelation zwischen den Verhaltensmaßen aus der Emotionserkennungsaufgabe (Genauigkeit und Latenzzeit) ist statistisch signifikant, sodass sie negativ assoziiert sind (r_{rm} (4039) = − 0,31, p < 0,001).

Die Korrelation zwischen Genauigkeit und Latenzzeit bei der Authentizitätsaufgabe ist nicht signifikant (r_{rm} (4039) = 0,00, p = 0,763).

Diskussion

Die Interaktion zwischen Emotion und Nationalität hatte einen großen Effekt und erklärte 22 % der Varianz in der Emotionserkennungsgenauigkeit, die ansonsten unerklärt blieb (d. h. durch jeden Faktor einzeln oder das Geschlecht), und zeigte, dass sich die Nationalitäten signifikant (paarweise) unterschieden: (1) zwischen Freude und allen anderen Emotionen; (2) zwischen Freude und Erleichterung oder Angst; und zusätzlich (3) zwischen Ärger und Erleichterung, Traurigkeit oder Angst.

Die Abhängigkeit des Effekts der Nationalität von der Emotion erklärt 5 % der Varianz in der Antwortlatenz, die durch die anderen Faktoren einzeln nicht erklärt werden kann, obwohl Guinea-Bissauer beim Erkennen aller Emotionen immer noch signifikant langsamer als Portugiesen waren.

Betrachtet man die Interaktion der Emotionen nach Nationalität auf Genauigkeit und Antwortlatenz, so fallen Erleichterung und Angst auf: Guinea-Bissauer zeigten im Vergleich zu Portugiesen größere Schwierigkeiten (Antwortlatenz) bei ähnlicher Leistung (Genauigkeit) in dieser Dimension.

Hautleitwert bei der Erkennung von Emotionen

Unsere Hypothese einer höheren Erregung oder kognitiven Informationsverarbeitungslast beim Erkennen kulturübergreifender emotionaler Vokalisationen und unser oben beschriebener Befund einer geringeren Leistung beim kulturübergreifenden Erkennen sind kongruent mit dem Trend (p = 0,066), dass Guinea-Bissauer unabhängig von der Emotion eine höhere SCR-Amplitude als Portugiesen aufweisen.

Was die Auswirkungen der Emotionen auf die Nationalität betrifft, so fanden wir einen statistisch signifikanten Interaktionseffekt zwischen Nationalität und Emotion, sodass Guinea-Bissauer bei Freude eine niedrigere SCR-Latenz als Portugiesen zeigten und bei Erleichterung das Gegenteil der Fall war.

Bei der Aufgabe zur wahrgenommenen Authentizität erklärten Emotionen 22 % der Varianz in der Bewertung, unabhängig von der Nationalität (in der Reihenfolge von am authentischsten bis am wenigsten authentisch: Erleichterung, Belustigung, Freude, Angst, Traurigkeit und Ärger).

Die Erkennung von Emotionen war bei den Portugiesen (In-Gruppe, d. h. die die gleiche Nationalität wie die Vokalisationskodierer hatten) genauer und schneller als bei den Guinea-Bissauern, insbesondere bei Freude, Belustigung und Ärger.

Danksagung

Eine maschinell erstellte Zusammenfassung, basierend auf der Arbeit von Cosme, Gonçalo; Tavares, Vânia; Nobre, Guilherme; Lima, César; Sá, Rui; Rosa, Pedro; Prata, Diana 2021 in Psychological Research

Das Wissen japanischer Kinder über die Gesichtskomponenten der Grundemotionen

DOI: https://doi.org/10.1007/s10919-017-0272-1

Kurzfassung – Zusammenfassung

Während zahlreiche Studien das Erkennen von emotionalen Gesichtsausdrücken bei Kindern untersucht haben, gibt es nur wenige Erkenntnisse über das explizite Wissen der Kinder über die Komponenten solcher Ausdrücke.

Wir untersuchten das Wissen der Kinder über die Gesichtskomponenten, die an den Ausdrücken von Freude, Traurigkeit, Ärger und Überraschung beteiligt sind.

Ältere Kinder zeigten ein besseres Wissen über die Beteiligung des Oberlidhebers an Überraschungsausdrücken.

Einführung

Masuda (5) legte 4- und 5-Jährigen das leere Gesicht einer jungen Figur vor und bat sie, ihren Gesichtsausdruck zu zeichnen, wenn sie glücklich, traurig, wütend, überrascht oder ängstlich sind.

Da die Fähigkeit, Emotionen grafisch darzustellen, sowohl feinmotorische Fähigkeiten als auch Wahrnehmungs- und Darstellungsfähigkeiten erfordert (Cox 6; Sayōl 7), ist nicht auszuschließen, dass Kinder mehr Wissen über emotionale Komponenten im Gesicht haben, als in dieser Studie gezeigt wurde.

Fünf- und neunjährigen Kindern wurden jeweils zwei Gesichtsausdrücke (Angst und Überraschung) präsentiert, und sie wurden gebeten, denjenigen auszuwählen, der am besten zur Zielemotion (Angst oder Überraschung) passt.

Wir untersuchten das Wissen von Kleinkindern über die Gesichtskomponenten von Freude, Traurigkeit, Wut und Überraschung mit Hilfe einer Puzzleaufgabe.

Auf der Grundlage der von Masuda (5) und Sayōl (7) berichteten Ergebnisse stellten wir die Hypothese auf, dass das Wissen der Kinder über Gesichtskomponenten bei Freude und Traurigkeit weiter entwickelt ist als über jene bei Überraschung und Ärger.

Methode

Siebenundfünfzig 4- bis 6-jährige Kinder nahmen an dieser Studie teil, aber drei Kinder (ein Junge und zwei Mädchen) wurden ausgeschlossen, weil sie die Aufgabe nicht gelöst oder nicht verstanden hatten.

Die endgültige Stichprobe bestand aus 54 Kindern und wurde in zwei Altersgruppen unterteilt.

Die Gruppe der 4-Jährigen umfasste 26 Kinder (10 Jungen, M = 4,88 Jahre, Spanne = 51–63 Monate) und die Gruppe der 5-Jährigen 28 (9 Jungen, M = 5,81 Jahre, Spanne = 64–75 Monate).

Materialien

Zu den Materialien gehörten eine Zeichnung eines leeren Gesichts, 14 Pappstücke, auf die Komponenten des Gesichtsausdrucks gezeichnet waren, und vier Geschichten.

Die Pappstücke wurden dann wieder in die Schachtel gelegt und das Kind wurde gebeten, Taros Gesicht darzustellen, wenn er keine Gefühle hat.

Der Versuchsleiter legte die Teile zurück in die Schachteln und teilte der Teilnehmerin mit, dass sie nun Geschichten lesen würde, die Situationen beschreiben, in denen Taro ein bestimmtes Gefühl empfindet.

Sie erinnerte ihn daran, dass er oder sie Taros Gefühle darstellen sollte, indem er oder sie ein Stück Pappe für die Augenbrauen, ein anderes für die Augen und ein weiteres für den Mund benutzte und dabei jedes Mal auf den entsprechenden Karton zeigte.

Sie las die erste Geschichte vor und forderte das Kind auf, mit den Pappstücken die Gefühle des Protagonisten darzustellen.

Ergebnisse

Die Daten waren nach dem d'Agostino-Test normalverteilt, die Auswirkungen von Alter und Emotion wurden mit einer ANOVA Alter × Emotion mit wiederholten Messungen für Letztere bewertet.

Es wurden separate t-Tests mit einer Stichprobe durchgeführt, um festzustellen, ob die Leistung für jede Altersgruppe und jede Emotion über dem Zufallsniveau (21,43 %) lag.

Aus dieser Tabelle geht hervor, dass der Prozentsatz der Kinder, die die vorhergesagten Handlungseinheiten auswählten, im Allgemeinen höher war als derjenige für die nicht vorhergesagten Handlungseinheiten.

Der z-Test ergab in 16 von 24 Fällen Signifikanz, was ein deutliches Indiz dafür ist, dass es den Kindern gelang, die vorhergesagten Handlungseinheiten auszuwählen.

Sie neigten nicht dazu, die inneren und äußeren Augenbrauen hochzuziehen, wenn sie gebeten wurden, Überraschung darzustellen.

Wir untersuchten den Einfluss des Alters bei der Auswahl der vorhergesagten Handlungseinheiten für die acht Handlungseinheiten, die häufiger als zufällig ausgewählt wurden.

Diskussion

Während zahlreiche Studien das Erkennen von emotionalen Gesichtsausdrücken bei Kindern untersucht haben, gibt es nur wenige Erkenntnisse über das explizite Wissen der Kinder über die Komponenten solcher Ausdrücke.

Frühere Untersuchungen haben gezeigt, dass 4- und 5-Jährige in der Lage sind, Freude, Traurigkeit, Wut und Überraschung zu erkennen, wenn ihnen eine Reihe von zwei oder drei verschiedenen Gesichtsausdrücken präsentiert wird (Bullock und Russell 8; Widen und Russell 9).

Unsere Ergebnisse deuten darauf hin, dass Kinder im Alter von 4 Jahren bereits über ein gutes Wissen über die Gesichtskomponenten von Freude, Traurigkeit, Ärger und Überraschung verfügen.

Die Autoren fanden heraus, dass 5-Jährige explizite Kenntnisse über die Gesichtskomponenten von Glücks- und Überraschungsausdrücken haben, nicht aber über die von Traurigkeit und Wutausdrücken.

Die Tatsache, dass die Kinder in dieser Studie sowohl den Wangenheber als auch den Lippeneckenzieher ausgewählt haben, bedeutet, dass sie eine variablere Darstellung glücklicher Ausdrücke zur Verfügung haben, als dies in früheren Untersuchungen gezeigt wurde.

Danksagung

Eine maschinell erstellte Zusammenfassung, basierend auf der Arbeit von Masuda, Megumi; Gosselin, Pierre; Nomura, Michio
2018 in Journal of Nonverbal Behavior

Interkulturelle Unterschiede in der Verarbeitung von sozialen und nicht-sozialen positiven Emotionen: eine ERP-Studie

DOI: https://doi.org/10.1007/s12144-021-02604-8

Kurzfassung – Zusammenfassung

Wie Menschen aus verschiedenen Kulturen Emotionen in sozialen Kontexten auf ähnliche und unterschiedliche Weise verarbeiten, ist noch nicht ausreichend untersucht worden.

Die vorliegende Studie untersuchte kulturübergreifende Unterschiede in der emotionalen Verarbeitung positiver Emotionen in sozialen Kontexten anhand von ereigniskorrelierten Potentialen (ERPs) und Verhaltensmessungen.

Die Ergebnisse zeigten, dass die P2-Amplituden bei Chinesen in der Bedingung „positive Emotion im sozialen Kontext" größer waren als bei Kaukasiern.

Es gab keine signifikanten Unterschiede in den P2-Amplituden bei der Verarbeitung positiver Emotionen und neutraler Stimuli.

Bei Chinesen waren die Amplituden der LPP 600–1000 bei positiven Emotionen im sozialen Kontext größer als bei positiven Emotionsstimuli.

Die höheren Amplituden von P2 und LPP 600–1000 deuten darauf hin, dass positive Emotionen in sozialen Kontexten für Chinesen wichtig und bedeutsam sind.

Interkulturelle Unterschiede bei der Verarbeitung positiver Emotionen in sozialen Kontexten: eine ERP-Studie

Frühere kulturübergreifende Studien haben gezeigt, dass es Unterschiede in den emotionalen Einstellungen sowie in den Überzeugungen und Regulationstendenzen zwischen Menschen aus östlich und westlich geprägten Kulturen gibt, insbesondere bei positiven Emotionen (Deng u. a., 61).

Menschen aus östlichen und westlichen Kulturen nehmen Emotionen unterschiedlich wahr, erleben und regulieren sie unterschiedlich (An und andere, 62; An und andere, 63).

Die kulturübergreifenden Unterschiede zwischen östlichen und westlichen Kulturen in Bezug auf das Erleben sozialer Emotionen oder zwischenmenschlicher Emotionen in verschiedenen Bereichen (z. B. die neurologischen Korrelate und Verhaltensberichte) sind leicht zu verstehen.

Obwohl frühere Belege darauf hindeuten, dass Menschen aus östlich geprägten Kulturen die Valenz und das Erleben positiver Emotionen geringer bewerten (An u. a., 62; Bagozzi u. a., 64; Miyamoto & Ma, 65), könnte die Betonung sozialer Interaktion und sozialer Ordnungen im chinesischen kulturellen Kontext die Bedeutung positiver Emotionen in sozialen Kontexten während der emotionalen Verarbeitung erhöhen.

Methode

30 chinesische Bilder mit positiven Emotionen im sozialen Kontext (Valenz: M = 6,76, SD = 0,47; Arousal: M = 5,82, SD = 0,71), 30 kaukasische Bilder mit positiven Emotionen im sozialen Kontext (Valenz: M = 6,95, SD = 0,49; Arousal: M = 5,56, SD = 0,68), 30 Bilder mit positiven Emotionen (Valenz: M = 6,96, SD = 0,48; Arousal: M = 5,59, SD = 0,38) und 30 neutrale Bilder (Valenz: M = 5,60, SD = 0,88; Erregung: M = 5,51, SD = 0,71) wurden aus dem Chinese Affective Picture System (CAPS; Bai u. a., 66) und dem International Affective Picture System (IAPS; Lang u. a., 67) auf der Grundlage der normativen CAPS- und IPAS-Ratings extrahiert.

Sowohl kaukasische als auch chinesische Teilnehmer bewerteten alle Fotos für den Pretest, um sie als Bilder ohne sozialen Kontext, chinesische Bilder mit sozialem Kontext, kaukasische Bilder mit sozialem Kontext und neutrale Bilder zu bestimmen.

Die affektive Bildverarbeitungsaufgabe wurde verwendet, um die neuronalen Reaktionen der Teilnehmer auf positive Emotionen im sozialen Kontext, positive Emotionen und neutrale Reize zu untersuchen.

Die ERPs wurden durch getrennte Mittelung der vier Bildtypen (chinesische positive Emotionen im sozialen Kontext, kaukasische positive Emotionen im sozialen Kontext, positive Emotionen und neutrale Bilder) erstellt.

Ergebnisse

Die Erregungsbewertungen kaukasischer positiver Emotionen bei Stimuli im sozialen Kontext waren höher als bei neutralen Stimuli (p = 0,001) und bei den positiven Emotionen chinesischer Menschen bei Stimuli im sozialen Kontext (p = 0,002).

A 2 (Kultur: chinesisch vs. kaukasisch) X 4 (Stimuli Typ: chinesische positive Emotionen im sozialen Kontext, kaukasische positive Emotionen im sozialen Kontext, positive Emotionen und neutrale Emotionen) mit wiederholten Messungen (ANOVA) wurde durchgeführt, um die kulturellen Unterschiede in der P2-Komponente beim Betrachten verschiedener emotionaler Stimuli zu untersuchen.

P2 war größer für kaukasische positive Emotionen im sozialen Kontext im Vergleich zu positiven Emotionen und neutralen Stimuli (ps < 0,001).

Bei Chinesen war der LPP 300–600 für kaukasische positive Emotionen im sozialen Kontext größer als für die anderen drei Stimuli, alle p < 0,001.

Der LPP 600–1000 von kaukasischen positiven Emotionen in sozialen Kontexten war größer als der von chinesischen positiven Emotionen in sozialen Kontexten, p = 0,002.

Diskussionen

Ziel der aktuellen Untersuchung war es, kulturübergreifende Unterschiede bei der Verarbeitung positiver Emotionen und positiver Emotionen in sozialen Kontexten zu verstehen.

Die vorliegende Studie dokumentiert, dass Selbsteinschätzungen und ERPs für positive emotionale Bilder, die zwei Kulturen (Chinesen und weißen Kaukasiern) präsentiert wurden, direkt auf die fraglichen kulturübergreifenden Unterschiede schließen lassen.

Die kulturübergreifenden Unterschiede in der Verarbeitung positiver Emotionen zwischen Chinesen und Kaukasiern liegen hauptsächlich in der Verarbeitung positiver Emotionen in sozialen Kontexten; positive Emotionen waren jedoch im Wesentlichen ähnlich, wobei es keine Unterschiede in den ERP-Komponenten zwischen den Kulturen gab.

Die höheren P2-Amplituden deuten auf die Bedeutung spezifischer Stimuli und Informationen (z. B. positive Emotionen in sozialen Kontexten für Chinesen und ostasiatische Gesichter für Ostasiaten) in der frühen Phase der Wahrnehmungsverarbeitung hin.

Die aktuelle Studie untersuchte kulturübergreifende Unterschiede bei der Verarbeitung positiver Emotionen in sozialen Kontexten.

Danksagung

Eine maschinell erstellte Zusammenfassung, basierend auf der Arbeit von Deng, Xinmei; An, Sieun; You, Yuanyuan
   2022 in Current Psychology

Kulturelle Unterschiede in den Bewertungsmustern für neun positive Emotionen

DOI: https://doi.org/10.1007/s41809-022-00098-9

Kurzfassung – Zusammenfassung

Die Bewertungsforschung hat sich bisher hauptsächlich auf negative Emotionen konzentriert, obwohl in jüngster Zeit damit begonnen wurde, auch die Bewertungsprofile positiver Emotionen zu untersuchen.

Es gibt jedoch nur wenige kulturübergreifende Arbeiten über die Bewertung positiver Emotionen.

Wir untersuchen die Beurteilungsprofile von neun positiven Emotionen in den USA und China.

In Übereinstimmung mit früheren Untersuchungen finden wir für jede positive Emotion unterschiedliche Bewertungsmuster.

Zum ersten Mal zeigen wir auch kulturelle Unterschiede in der Bewertung positiver Emotionen.

Unsere Studie erweitert die bisherige Forschung, indem sie die Unterschiede in der Bewertung positiver Emotionen in verschiedenen Kulturen aufzeigt.

Kulturelle Unterschiede in den Bewertungsmustern für neun positive Emotionen

In den letzten Jahren haben Forscher zunehmend positive Emotionen untersucht und zwischen verschiedenen positiven emotionalen Zuständen unterschieden (Campos u. a., 14; Fang u. a., 86; Graham u. a., 15; Sauter, 16; Shiota u. a., 17; Weidman & Tracy, 18).

Mehrere Studien haben empirisch nachgewiesen, dass positive Emotionen anhand ihrer Bewertungsmuster unterschieden werden können.

In einer neueren Studie wurden diese Ergebnisse wiederholt und unterschiedliche Bewertungsprofile für die zusätzlichen positiven Emotionen Belustigung, Ehrfurcht, Mitgefühl, Dankbarkeit, Freude, Interesse, Stolz und Erleichterung ermittelt (Yih u. a., 19).

Die vorliegende Studie zielt darauf ab, diese Forschung zu erweitern, indem sie die Bewertung positiver Emotionen in verschiedenen Kulturen untersucht.

Gefühlsbeurteilungen in verschiedenen Kulturen

Mehrere Studien haben gezeigt, dass die emotionale Bewertung der gleichen Emotionen in verschiedenen Kulturen unterschiedlich ausfällt.

Die kulturübergreifende Forschung über die Bewertung positiver Emotionen ist spärlich; bisher wurde nur eine Studie durchgeführt.

Die Ergebnisse zeigten keine signifikanten kulturellen Unterschiede in den Bewertungsmustern zwischen den beiden Kulturen, im Gegensatz zu Untersuchungen über negative Emotionen, die erhebliche kulturelle Unterschiede festgestellt haben (z. B. Borke & Su, 20; Matsumoto u. a., 21; Mauro u. a., 22; Scherer, 23; Scherer & Wallbott, 24).

In der aktuellen Studie soll untersucht werden, ob die Bewertung positiver Emotionen in verschiedenen Kulturen ähnlich ausfällt, indem zwei kulturell sehr unterschiedliche Bevölkerungsgruppen verglichen werden: die USA und China.

Wir haben versucht, Emotionen zu untersuchen, für die bereits unterschiedliche Bewertungsmuster nachgewiesen wurden (Ellsworth & Smith, 25; Tong, 26; Yih u. a., 2019, 96), da der Schwerpunkt unserer Studie auf der kulturellen Variabilität dieser Muster lag.

Vergnügungspark

Belustigung wird in der Regel durch gutartige Ereignisse ausgelöst, die gegen die Erwartungen verstoßen (McGraw & Warren, 27; Morreall, 28).

Die Bewertungsforschung zum Thema Belustigung hat gezeigt, dass Ereignisse, die Belustigung auslösen, mit einer hohen Bewertung der Annehmlichkeit und des Handelns anderer und einer niedrigen Bewertung von Problemen, des Handelns der eigenen Person und des Handelns der Umstände einhergehen (Tong, 26; Scherer & Ceshi, 23).

Ehrfurcht

Ehrfurcht ist eine selbsttranszendierende Emotion, die typischerweise durch komplexe und informationsreiche äußere Reize ausgelöst wird, die nicht sozial sind (Keltner & Haidt, 31; Shiota und andere, 32).

Es hat sich gezeigt, dass Menschen, die Ehrfurcht empfinden, sich klein und unbedeutend fühlen und das Gefühl haben, ein kleiner Teil von etwas Größerem zu sein (Bai und andere, 32; Campos und andere, 14; Shiota und andere, 17).

Es hat sich auch gezeigt, dass Ehrfurcht mit dem Gefühl verbunden ist, dass eine Situation die eigene Weltanschauung in Frage stellt (Keltner & Haidt, 29; Shiota und andere, 30).

Mitgefühl

Mitgefühl wird im Allgemeinen als Reaktion auf jemanden empfunden, der unter einem Unglück leidet, das er nicht verursacht hat und das nicht kontrolliert werden kann (Goetz u. a., 32).

Die Erfahrung des Mitgefühls ist also mit einem hohen Maß an externer Verursachung verbunden und wird als Problem wahrgenommen (Tong, 26).

Das Mitgefühl wurde als hoch bei Problemen, niedrig bei Annehmlichkeit und hoch bei externer Verursachung und externer Kontrolle bewertet.

Sehnsucht

Es gibt nur sehr wenige empirische Untersuchungen zu den Bewertungsmustern des Begehrens (siehe jedoch Gonzaga u. a., 2006, 97, zu romantischer Liebe und sexuellem Begehren).

In der Philosophie und den Neurowissenschaften wird Begehren manchmal gleichbedeutend mit „Wollen" bzw. „Verlangen" verwendet und häufig als ein Prozess untersucht, der das Streben nach Belohnungen motiviert (Berridge, 33; Robinson und andere, 34; Schroeder, 35).

Die Bewertungsmuster des Verlangens wurden bisher noch nicht untersucht.

Dankbarkeit

Dankbarkeit ist dadurch gekennzeichnet, dass man sowohl von einer anderen Person profitiert als auch den Wunsch hat, etwas zurückzugeben (Campos u. a., 14).

Dankbarkeit motiviert nachweislich nicht nur reziproke Reaktionen auf den Wohltäter, sondern auch prosoziale Verhaltensweisen gegenüber anderen (Algoe u. a., 36; Bartlett & DeSteno, 37; McCullough u. a., 38).

In Übereinstimmung mit diesen Erkenntnissen haben Bewertungsstudien ergeben, dass Dankbarkeit mit hohen Bewertungen von Annehmlichkeit, Zielerreichung, Relevanz und Handlungsfähigkeit anderer verbunden ist (Reisenzein & Spielhofer, 39; Tong, 26).

Interesse

Interesse ist, theoretisch gesehen, eine wissensbasierte Emotion, deren Thema Erforschung, Entdeckung und Lernen ist (Ellsworth & Smith, 25; Silvia, 40; Sung & Yih, 41).

In der Theorie des Interesses wird es als eine Kombination aus Neuheit, Komplexität und Bewältigungspotenzial verstanden (Silvia, 40), was bedeutet, dass Menschen neugierig sind, neue und komplexe Dinge zu erforschen, soweit sie sie verstehen können.

Liebe

Liebe wurde als eine Emotion definiert, die während der Nähe oder des Wiedersehens mit einer Bezugsperson erlebt wird und der sozialen Bindung dient (Bowlby, 42; Shiota und andere, 43, 30).

Es wurde die Theorie aufgestellt, dass Liebe dazu motiviert, sich einem anderen im sozialen Raum anzunähern, Verbundenheit zu suchen und Beziehungen zu unterstützen (Campos u. a., 14; Roseman, 44; Shiota u. a., 45; Smith u. a., 46).

Es wurde auch argumentiert, dass es ein wichtiges Element der Liebe ist, sich einem anderen gegenüber verletzlich zu fühlen (Campos und andere, 14; Fischer & Ayoub, 47).

Stolz

Stolz wird oft durch persönliche oder kollektive Leistungen hervorgerufen und beinhaltet Statusverbesserungen und eine positive Selbstwahrnehmung (Campos und andere, 14; Tracy & Robins, 48; William & Desteno, 49).

Stolz motiviert zu einem Verhalten, das auf die Erlangung von Dominanz und Prestige abzielt (Roseman, 44; Tracy u. a., 50; zur Dominanz-Prestige-Theorie siehe Henrich & Gil-White, 51) und mit einer positiven Bewertung durch andere verbunden ist (Tong, 26; Tong & Jia, 52; Yih u. a., 19).

Frühere Forschungen zum Bewertungsmuster von Stolz haben gezeigt, dass Stolz mit hoher Annehmlichkeit, Selbstverantwortung, Relevanz und Zielerreichung verbunden ist (Tong, 26; Tong & Jia, 52; Yih und andere, 19).

Erleichterung

Die Forschung zu den Bewertungen, die mit Erleichterung verbunden sind, ist dünn, aber es gibt Hinweise darauf, dass Situationen, die Erleichterung hervorrufen, als Probleme wahrgenommen werden, die gelöst werden müssen, und dass sie mit dem Erreichen der eigenen Ziele oder Wünsche verbunden sind (Tong, 26; Yih und andere, 19).

Dies deutet darauf hin, dass man Erleichterung erfährt, wenn die Probleme in Übereinstimmung mit dem eigenen Ziel gelöst werden.

Es hat sich auch gezeigt, dass Erleichterung mit einer hohen Annehmlichkeit und einer hohen Verantwortlichkeit gegenüber anderen verbunden ist (Tong, 26; Tong & Jia, 52).

Die aktuelle Studie

Wir haben versucht, die bestehende Literatur zu erweitern, indem wir die Bewertung positiver Emotionen kulturübergreifend untersuchten.

Auf der Grundlage früherer Forschungen erwarteten wir, dass wir differenzierbare Bewertungsmuster für die neun Emotionen finden würden.

Wir erwarteten auch, dass wir zumindest bei einigen der Beurteilungspunkte kulturelle Unterschiede finden würden.

Methode

Bei den Teilnehmern aus beiden Kulturen handelte es sich um Gemeindemitglieder, die vor Ort durch Ankündigungen in den sozialen Medien angeworben worden waren.

Keiner der Teilnehmer hatte länger als ein Jahr außerhalb seines Heimatlandes gelebt.

Alle Teilnehmer erhielten für ihre Teilnahme an der Studie eine finanzielle Vergütung.

Aufbau und Verfahren

Nachdem sie sich an jedes Ereignis erinnert hatten, beantworteten die Teilnehmer Fragen zu ihrem emotionalen Erleben und ihrer Bewertung des Ereignisses (siehe Materialien).

Die Teilnehmer hörten sich eine Aufnahme mit dem Namen und der Definition einer Zielemotion in ihrer eigenen Sprache an.

Wenn der Versuchsleiter der Meinung war, dass ein Teilnehmer die Zielemotion falsch verstanden hatte, spielte er die Aufnahme der Emotionsdefinition erneut ab und erklärte den Teilnehmern die Emotion mit anderen Worten, bis sie sie verstanden (Sauter u. a., 53).

Die Teilnehmer wurden dann gebeten, sich an ein bestimmtes Ereignis zu erinnern, bei dem die Emotion eine Rolle spielte, und ausführlich darüber zu sprechen.

Die Teilnehmer hatten keine Zeitbeschränkung, um über jedes emotionale Ereignis zu sprechen.

Nachdem sich die Teilnehmer an das Ereignis für eine Emotion erinnert hatten, füllten sie die Bewertungsfragebögen aus, bevor sie sich der nächsten Emotion zuwandten.

Materialien

Die Teilnehmer bewerteten sowohl das Ausmaß ihres Empfindens bezüglich der Zielemotion während des Ereignisses (Wie stark haben Sie diese Emotion während des Ereignisses erlebt?) als auch das während der Erinnerung an das Ereignis (Wie stark haben Sie diese Emotion erlebt, während Sie sich an das Ereignis erinnerten?).

Die Gefühlsintensität wurde auf einer Skala von 0 bis 10 (0 = überhaupt nicht, 10 = extrem) bewertet.

Diese Messung wurde durchgeführt, um zu überprüfen, ob die Teilnehmer die Zielemotion in jeder Emotionsbedingung tatsächlich erlebt haben.

Für jedes Element gab es auch die Option NA (nicht zutreffend), die ausgewählt werden konnte, wenn die Teilnehmer der Meinung waren, dass das Merkmal für ihre Erfahrungen nicht relevant war.

Ergebnisse

Die Emotionsintensität war in der Vergangenheit (M = 8,60, SD = 1,73) im Durchschnitt höher als in der Gegenwart (M = 6,86, SD = 2,48), wie ein signifikanter Haupteffekt der Zeit, $F(1, 74) = 148,01$, $p < 0,001$, $\eta^2 = 0,14$, zeigt.

Es gab auch einen signifikanten Haupteffekt der Emotion, $F(8, 592) = 3,39$, $p < 0,001$, $\eta^2 = 0,02$, was darauf hindeutet, dass die Emotionen in unterschiedlicher Intensität erlebt wurden.

Es gab keinen signifikanten Haupteffekt der Kultur, aber einen signifikanten Interaktionseffekt zwischen Kultur und Emotion, $F(8, 592) = 2,25$, $p = 0,02$, $\eta^2 = 0,01$.

Antworten der NA und Datenverarbeitung

Für alle Beurteilungselemente wurde die Option NA (nicht zutreffend) angeboten, damit die Teilnehmer die Möglichkeit hatten, ein Beurteilungselement zu überspringen, wenn sie dieses Merkmal als nicht zutreffend oder relevant für das Ereignis erachteten.

Die Teilnehmer machten insgesamt 614-mal von der Option NA Gebrauch, das sind 6,6 % aller Antworten.

Um zu untersuchen, ob sich die Teilnehmer aus den beiden Kulturen darin unterschieden, wie häufig sie von der Option NA Gebrauch machten, wurde ein exakter Wahrscheinlichkeitstest nach Fischer durchgeführt.

Der Anteil der NA-Antworten unterschied sich signifikant zwischen den beiden Kulturen, X^2 (1, N = 9295) = 177,45, p < 0,001, wobei die chinesischen Teilnehmer häufiger von den NA-Optionen Gebrauch machten (9,25 %) als die amerikanischen Teilnehmer (2,12 %).

Trennschärfe der Beurteilungen

Wir verglichen die Klassifizierungsrate von Beurteilungselementen mit einem Zufallswert von 1/9.

Bei den chinesischen Daten, bei denen alle 13 Beurteilungselemente als Prädiktoren für die neun Emotionen verwendet wurden, wurden 39,78 % aller Fälle richtig klassifiziert; die Rate der ausgelassenen Klassifizierungen betrug 34,00 %.

Bei den Daten aus den USA konnten wir 42,59 % aller Fälle von Emotionen richtig klassifizieren; die Rate der nicht erfassten Fälle lag bei 38,15 %.

Die meisten Emotionen wurden korrekt klassifiziert, und zwar mit einer Rate, die deutlich über der allgemeinen Zufallsklassifizierungsrate (d. h. der vorherigen Wahrscheinlichkeit) lag.

Im Fall von Liebe waren die Klassifizierungsraten in den US-Daten deutlich höher als in den chinesischen Daten, und die Rate der ausgelassenen Klassifizierungen lag in den chinesischen Daten nicht über der Zufallsgenauigkeit.

Beurteilungsmuster und kulturelle Variabilität

Es gab auch signifikante Interaktionseffekte zwischen Bewertung und Emotion, F (96, 7104) = 3,03, p < 0,001, η^2 = 0,03, und zwischen Bewertung und Kultur, F (12, 888) = 3,33, p < 0,001, η^2 = 0,01.

Es gab auch einen signifikanten dreifachen Interaktionseffekt zwischen Bewertung, Emotion und Kultur, F (96, 7104) = 2,42, p < 0,001, η^2 = 0,02, was bedeutet, dass die Unterschiede in den Bewertungsprofilen zwischen den Emotionen in den beiden Kulturen unterschiedlich ausgeprägt sind.

Die zweiseitige ANOVA ergab einen signifikanten Interaktionseffekt zwischen Kultur und Bewertung, F(8,13, 626,25) = 4,11, p < 0,001, η^2 = 0,041.

Es gab einen signifikanten Interaktionseffekt zwischen Kultur und Bewertung in der Zwei-Wege-ANOVA, F(7,74, 580,41) = 3,86, p < 0,001, η^2 = 0,041.

In der zweiseitigen ANOVA ergab sich ein signifikanter Interaktionseffekt zwischen Kultur und Bewertung $F(7{,}91, 608{,}83) = 2{,}84$, $p = 0{,}004$, $\eta^2 = 0{,}028$.

Sensitivitätsanalyse

Wir wollten die statistische Aussagekraft unserer Analysen überprüfen.

Da wir keine A-priori-Power-Analyse durchgeführt haben, führten wir nun eine Post-hoc-Sensitivitätsanalyse für die kritischen Tests durch – die einfachen Effektanalysen zur kulturellen Variabilität spezifischer Beurteilungsdimensionen.

Um eine statistische Aussagekraft von 0,8 zu erreichen, ist unsere derzeitige Stichprobengröße in der Lage, Effekte mit einer Größe von $d = 0{,}99$ oder mehr aufzudecken.

Diskussion

In der aktuellen Studie wurden die Bewertungsmuster von neun positiven Emotionen bei Teilnehmern aus China und den USA untersucht.

Unsere Ergebnisse stimmen mit den Erkenntnissen früherer Studien überein, die zeigen, dass positive Emotionen anhand ihrer Bewertungsmuster unterschieden werden können (Tong, 26; Yih und andere, 19).

Für alle neun positiven Emotionen konnten wir unterschiedliche Bewertungsmuster feststellen.

Diese Ergebnisse wurden außerdem durch Diskriminanzanalysen gestützt, die zeigten, dass alle neun positiven Emotionen auf der Grundlage ihrer Bewertungsmuster mit einer Rate, die weit über dem Zufall liegt, korrekt klassifiziert werden konnten.

Bewertungsprofile für positive Emotionen

Teilnehmer aus beiden Kulturen erlebten Mitgefühl als von außen verursacht, was sich in einer hohen Bewertung des Handelns des anderen und des Handelns der Umstände und einer niedrigen Bewertung des Handelns des Selbst widerspiegelte.

Die Teilnehmer aus den beiden Kulturen unterschieden sich in ihrer Einschätzung, wie angenehm ihre Erfahrungen mit Mitgefühl waren und wie problematisch sie die Situation empfanden.

Die Teilnehmer in beiden Kulturen bewerteten Situationen, die Dankbarkeit auslösen, als sehr relevant, angenehm und zielführend und als wenig aktiv und von den Umständen kontrolliert.

Teilnehmer aus beiden Kulturen bewerteten Ereignisse, die Interesse weckten, als sehr angenehm, relevant und zielführend.

Obwohl Liebe auch mit einem hohen Maß an Fremdbestimmung und einem geringen Maß an Selbstkontrolle assoziiert wurde, wurde sie im Gegensatz zu Mitgefühl als sehr angenehm und wenig anstrengend und problematisch bewertet.

Teilnehmer aus beiden Kulturen bewerteten die Erfahrung von Stolz als angenehm, relevant, sicher und mit Zielerreichung und Selbstverantwortung verbunden (Frijda u. a., 54; Reisenzein & Spielhofer, 39; Roseman u. a., 55; Smith & Ellsworth, 56; Tracy & Robins, 48; Tong, 26; Weiner, 57; Yih u. a., 19).

Kulturelle Unterschiede in den Beurteilungsmustern

Die aktuelle Studie zeigt neuartige kulturelle Unterschiede bei der Bewertung positiver Emotionen.

Vier der neun von uns untersuchten Emotionen weisen kulturelle Unterschiede auf: Ehrfurcht, Mitgefühl, Sehnsucht und Dankbarkeit.

Künftige Studien zum Thema Mitgefühl könnten die Anspannung und Lockerheit messen, da diese nicht nur von Kultur zu Kultur, sondern auch von Person zu Person innerhalb einer Kultur variiert.

Künftige Forschungsarbeiten könnten auch direkt die Beziehung zwischen der Bewertung des Mitgefühls und der Motivation des Einzelnen, sich mit seinem Mitgefühl zu befassen, untersuchen, indem sie z. B. Handlungstendenzen messen.

Wir haben einige Bewertungsdimensionen identifiziert, die sich bei einigen Emotionen zwischen den beiden Kulturen unterschieden, insgesamt waren die Bewertungsmuster der untersuchten positiven Emotionen kulturell recht einheitlich.

Unsere Ergebnisse stimmen mit der Vorstellung überein, dass gewachsene psychologische Mechanismen zu kulturellen Unterschieden führen, die sich als Variationen gemeinsamer Themen darstellen, und somit sowohl die Bereitschaft als auch das Lernen bei Emotionsprozessen betonen (Kamiloglu u. a., 58).

Bewertungsmuster bei verschiedenen Emotionen

Zunächst einmal gab es nur wenige Ausnahmen, in denen Emotionen als positiv bewertet wurden.

Es zeigte sich auch, dass sich verschiedene positiv bewertete affektive Zustände in einer ganzen Reihe anderer Dimensionen unterscheiden können, was mit Theorien über diskrete Kategorien positiver Emotionen übereinstimmt (Campos u. a., 14; Hu & Kaplan, 59; Sauter, 60; Shiota u. a., 17).

Ein weiteres Element, das bei den meisten Emotionen zu den am höchsten bewerteten Beurteilungsdimensionen gehörte, war die Relevanz.

Dies deutet darauf hin, dass die Ereignisse, die positive Emotionen hervorrufen, im Allgemeinen als relevant bewertet werden.

Eine weitere Bewertungsdimension, die in unserer Studie häufig mit den positiven Emotionen in Verbindung gebracht wurde, war die Gewissheit.

Gewissheit war unter den drei am höchsten bewerteten Bewertungen für jede einzelne der neun untersuchten Emotionen, was darauf hindeutet, dass positive Emotionen generell mit Gewissheit verbunden sind.

Nicht alle Beurteilungsdimensionen waren für die untersuchten Emotionen relevant.

Beschränkungen und Implikationen

Zukünftige Forschungen könnten auch von der Entwicklung von Bewertungsitems profitieren, die besonders für positive Emotionen relevant sind, da sich die Bewertungen, die positive Emotionen charakterisieren, von denen für negative Emotionen unterscheiden könnten.

Die Auswahl der in der vorliegenden Studie untersuchten Emotionen war, obwohl sie auf früheren Untersuchungen beruht, etwas willkürlich.

Künftige Forschungsarbeiten könnten einen systematischeren Ansatz bei der Auswahl der zu untersuchenden Emotionen verfolgen und dabei Erkenntnisse aus diesen theoretischen Entwicklungen nutzen.

Die Untersuchung der Details dieser Geschichten könnte weitere Einblicke in die emotionalen Erfahrungen und Einschätzungen der Teilnehmer geben.

Um die Ursachen für diese Bewertungsmuster und kulturellen Unterschiede zu untersuchen, könnten künftige Forschungsarbeiten qualitative oder gemischte Studien in Betracht ziehen.

Sowohl die Emotionsbedingung als auch die Beurteilungsitems waren subjektinterne Faktoren, wodurch die statistische Aussagekraft maximiert wurde; die Effekte zwischen den Kulturen könnten dennoch eine begrenzte Aussagekraft haben.

Künftige Studien sollten auf größere und repräsentativere Stichproben abzielen und ein breiteres Spektrum an demografischen Merkmalen erfassen.

Schlussfolgerungen

In der aktuellen Studie wurden die Bewertungsmuster von neun positiven Emotionen in zwei Kulturen untersucht.

Zur Identifizierung emotionsspezifischer Bewertungsmuster konnten wir erstmals auch kulturelle Unterschiede bei der Bewertung positiver Emotionen nachweisen.

Unsere Ergebnisse unterstreichen die Bedeutung der kulturübergreifenden Arbeit an der Bewertung positiver Emotionen.

Danksagung

Eine maschinell erstellte Zusammenfassung, basierend auf der Arbeit von Cong, Yong-Qi; Keltner, Dacher; Sauter, Disa
  2022 in Journal of Cultural Cognitive Science

Kultur prägt die Emotionserkennung von Vorschulkindern, aber nicht das Emotionsverständnis: eine interkulturelle Studie in Deutschland und Singapur

DOI: https://doi.org/10.1007/s41809-021-00093-6

Kurzfassung – Zusammenfassung

Kinder, die in verschiedenen Kulturen aufwachsen, erleben kulturspezifische Praktiken der Emotionssozialisation.

Das Ziel der vorliegenden Studie war es, zwei Aspekte des Emotionsverständnisses von Vorschulkindern (Emotionserkennung und Emotionsverständnis) in einem kulturübergreifenden Umfeld zu untersuchen.

Vorschulkinder aus Singapur und Deutschland wurden mit einer Aufgabe zur Erkennung von Emotionen getestet, bei der Gesichter europäisch-amerikanischer und ostasiatischer Kinder verwendet wurden, sowie mit dem Test of Emotion Comprehension (TEC; Pons und andere, 70).

Im Einklang mit früheren Ergebnissen waren Vorschulkinder aus Singapur genauer im Erkennen von Emotionen anhand von Gesichtsreizen als deutsche Vorschulkinder.

Vorschulkinder aus Singapur übertrafen deutsche Vorschulkinder in der Wiedererkennungskomponente des TEC.

Die Ergebnisse dieser Studie liefern weitere Belege dafür, dass das Verständnis von Emotionen kulturell geprägt ist und mit kulturspezifischen Emotionssozialisationspraktiken übereinstimmt.

Emotionen in der Kultur

Menschen in westlichen Kulturen drücken häufig emotionale Zustände aus und verbalisieren sie (Markus & Kitayama, 74; Mesquita & Frijda, 75).

In ostasiatischen Kulturen (z. B. in China oder Japan) legen die Menschen großen Wert auf Gruppenharmonie und Verwandtschaft, weshalb der ausdrückliche Ausdruck oder die Mitteilung von Emotionen als Störung der sozialen Harmonie angesehen wird.

Angehörige kontextarmer Kulturen (z. B. USA oder Deutschland) zeichnen sich dadurch aus, dass sie bei der Übermittlung von Informationen explizite, verbale Kommunikation bevorzugen (z. B. verbaler Ausdruck von Gefühlszuständen), während ein geringerer Anteil von Informationen in Form von kontextuellen Hinweisen (z. B. Stimmlage oder Gesten) übermittelt wird.

Angehörige kontextreicher Kulturen (z. B. China oder Japan) kommunizieren eher über implizite, kontextbezogene Hinweise (z. B. Stimmlage, Mimik, Gestik), während explizite verbale Aussagen einen geringeren Anteil an der Kommunikation ausmachen.

Emotionserkennung von Kindern in verschiedenen Kulturen

Markham und Wang (68) untersuchten die Emotionserkennung 4-, 6- und 8-jähriger chinesischer und australischer Kinder mit zwei Aufgaben, bei denen die Gesichtsausdrücke von sechs Grundemotionen von asiatischen und europäisch-amerikanischen Modellen dargestellt wurden.

Im Einklang mit dem letztgenannten Befund haben eine Handvoll Studien gezeigt, dass chinesische oder japanische Kinder besser in der Lage sind, Emotionen anhand von Gesichtern oder Vokaltönen zu erkennen als niederländische oder amerikanische Kinder (Kawahara u. a., 76; Matsumoto & Kishimoto, 77; Yang u. a., 69).

Kawahara und andere (76) untersuchten 5- bis 12-jährige niederländische und japanische Kinder mithilfe von Aufgaben zur Erkennung von Gesichts- und Stimmempfindungen.

Die Ergebnisse zeigten, dass die japanischen Kinder in allen Altersgruppen die niederländischen Kinder sowohl bei der Erkennung von Stimmen als auch von Gesichtern übertrafen.

In Übereinstimmung mit der Kontexttheorie von Hall (1997) scheinen sich ostasiatische Kinder mehr auf implizite Hinweise zu verlassen und daher einen Vorteil beim Erkennen von Emotionen anhand von Gesichts- oder Stimmausdrücken zu haben – im Vergleich zu Kindern, die in westlichen Kulturen aufwachsen.

Das Emotionsverständnis von Kindern in verschiedenen Kulturen

Es gibt Hinweise darauf, dass ostasiatische und westliche Kinder ein unterschiedliches Gefühlsverständnis haben.

3- bis 4-jährige chinesische Vorschulkinder schnitten beim Verständnis der Ursachen von Emotionen schlechter ab (Wang, 78).

Es scheint, dass asiatische Kinder beim Verständnis von Emotionen aufholen, wie eine Studie zeigt, in der sich 7- bis 10-jährige chinesische Einwandererkinder in ihrem Wissen über Emotionen nicht von europäisch-amerikanischen Kindern unterscheiden (Yang & Wang, 79).

Von besonderer Bedeutung für die vorliegende Untersuchung ist eine kürzlich veröffentlichte Studie, in der das Emotionsverständnis von 3- bis 6-jährigen chinesischen Vorschulkindern mithilfe des TEC untersucht wurde (Pons u. a., 70).

Europäische und amerikanische Eltern sprechen häufig über Emotionen, wenn sie sich auf vergangene Ereignisse beziehen (Wang u. a., 80), was wiederum das Verständnis der Erinnerungskomponente bei westlichen Kindern erleichtern könnte.

Diese Ergebnisse legen nahe, dass ostasiatische und westliche Kinder kulturspezifische Unterschiede in verschiedenen Aspekten des Emotionsverständnisses aufweisen.

Ziele der vorliegenden Studie

Die vorliegende Studie sollte diese Lücke schließen und frühere Erkenntnisse erweitern, indem sie den Einfluss der Kultur auf die Entwicklung der Emotionserkennung und des Emotionsverständnisses in einer kontextreichen und einer kontextarmen Kultur mit vergleichbarem sozioökonomischen Hintergrund untersuchte: Singapur und Deutschland.

Dies zeigt sich in sehr vergleichbaren Mustern in den sechs von Hofstede (81, 82) vorgeschlagenen Dimensionen der nationalen Kultur zwischen Singapur (SG), dem chinesischen Festland (CH) und Hongkong (HK).

Das erste Hauptziel der vorliegenden Studie war die Untersuchung der Emotionserkennung von 4- bis 6-jährigen Vorschulkindern aus Singapur und Deutschland anhand einer Aufgabe zur Erkennung von Gesichtsemotionen, bei der sechs Grundemotionen (d. h. Freude, Traurigkeit, Wut, Angst, Überraschung und Ekel) verwendet wurden.

Aufgrund früherer Befunde, die eine Verzögerung des Emotionsverständnisses chinesischer Kinder belegen (Wang, 83, 78), erwarteten wir, dass deutsche Vorschulkinder höhere mittlere globale TEC-Werte aufweisen würden als Vorschulkinder aus Singapur.

Methode

Die englische (Pons u. a., 70) und die deutsche Version (Janke, 84) des Test of Emotion Comprehension (TEC) wurden der singapurischen bzw. deutschen Stichprobe vorgelegt.

Bei der Aufgabe zur Erkennung von Emotionen wurden die Kinder mit dem Bilderbuch vertraut gemacht und gebeten, dem Versuchsleiter zu helfen, die richtigen Gesichter für verschiedene Emotionen zu finden.

Der TEC wurde gemäß den Empfehlungen im Handbuch (Janke, 84; Pons u. a., 70) durchgeführt, wobei die Experimentatoren die Geschichten in einem emotional neutralen Ton vorlasen, dem Originalwortlaut des Tests folgten, keine Rückmeldungen oder Vorschläge für richtige und falsche Antworten gaben und die Antworten der Kinder sofort auf einem Bewertungsbogen kodierten.

Bei der Aufgabe zur Erkennung von Emotionen konnten die Kinder 1 (richtig) oder 0 (falsch) Punkte für jede Zielemotion erreichen, was zu einem Maximum von 8 Punkten pro Emotionskategorie und einem Maximum von 24 Punkten für jede Stimulus-Ethnizität führte.

Ergebnisse

In Übereinstimmung mit unserer Hypothese, dass singapurische Vorschulkinder (Kultur mit hohem Kontext) deutsche Vorschulkinder (Kultur mit niedrigem Kontext) bei der Emotionserkennungsaufgabe übertreffen würden, ergab die Analyse einen signifikanten Haupteffekt des Landes, $F(1, 126) = 32,9$, $p < 0,001$, $\eta_p^2 = 0,207$.

Im Hinblick auf die explorative Frage, ob singapurische und deutsche Vorschulkinder einen kulturellen Ingroup-Vorteil bei der Emotionserkennung aufweisen, ergab die Analyse keine signifikante Interaktion zwischen Land und Stimulus-Ethnizität ($F(1, 126) = 0,240$, $p = 0,625$, $\eta_p^2 = 0,002$), was darauf hindeutet, dass es keinen gegenseitigen Ingroup-Vorteil für die eigene Ethnizität gibt.

Gemäß unserer Hypothese gab es keinen signifikanten Haupteffekt des Landes ($F(1, 119) = 0,064$, $p = 0,801$, $\eta_p^2 = 0,001$), wobei deutsche Vorschulkinder und singapurische Vorschulkinder vergleichbare globale TEC-Werte aufwiesen.

Diskussion

Ziel der vorliegenden Arbeit war es, mögliche Unterschiede in der Entwicklung der Emotionserkennung und des Emotionsverständnisses bei singapurischen und deutschen Vorschulkindern im Alter von 4 bis 6 Jahren zu untersuchen.

Die Ergebnisse der aktuellen Arbeit zeigen, dass die Emotionserkennung von Vorschulkindern durch die Kultur beeinflusst wurde, während das Emotionsverständnis zwischen Singapur und Deutschland vergleichbar war.

Die Ergebnisse zeigten, dass Vorschulkinder aus Singapur alle sechs Emotionen (mit Ausnahme von Ekel bei europäisch-amerikanischen Gesichtern) besser erkennen konnten als deutsche Vorschulkinder.

In Übereinstimmung mit früheren Untersuchungen deuten die Ergebnisse darauf hin, dass sich die Emotionserkennung sowohl bei singapurischen als auch bei deutschen Vorschulkindern mit dem Alter verbessert (Chronaki u. a., 71; Durand u. a., 72; Juen u. a., 73).

Die Ergebnisse der Emotionserkennungsaufgabe in dieser Studie stützen die Vorstellung von kulturellen Unterschieden zwischen singapurischen und deutschen Vorschulkindern.

Die Ergebnisse des Test of Emotion Comprehension (TEC) deuten darauf hin, dass das allgemeine Entwicklungsmuster zwischen singapurischen und deutschen Vorschulkindern vergleichbar war.

Beschränkungen und künftige Arbeiten

Da frühere Studien darauf hindeuten, dass sich die Maße des Emotionsverständnis asiatischer und europäisch-amerikanischer Kinder in der späteren Kindheit einander anzunähern scheinen, sollten künftige Studien eine größere Altersspanne von Kindern einbeziehen, um Entwicklungsverläufe nachzuvollziehen.

Es wird wichtig sein, kulturelle Unterschiede in den Entwicklungsergebnissen des Emotionsverständnisses zu bewerten.

Es gibt erste Belege für kulturspezifische Assoziationen zwischen dem Emotionsverständnis von Kindern und internalisierendem Verhalten (z. B. Doan & Wang, 85), und künftige Forschungen müssen herausfinden, wie das Emotionsverständnis in verschiedenen Kulturen mit positiven und maladaptiven Ergebnissen zusammenhängt, um kulturangepasste Trainingsprogramme zu entwickeln.

Diese Frage muss in der künftigen Forschung behandelt werden, um die kulturellen Werte zu beleuchten, die möglicherweise von einer Vielzahl asiatischer Kulturen geteilt werden, aber auch, um die Faktoren zu ermitteln, die einzigartige kulturelle Unterschiede verursachen.

Die meisten Studien interpretieren kulturelle Unterschiede im Sinne der Dimension Individualismus/Kollektivismus.

Künftige Studien sollten sich mit diesem Thema befassen und den Einfluss der kulturellen Exposition auf das Emotionsverständnis von Kindern untersuchen.

Danksagung

Eine maschinell erstellte Zusammenfassung, basierend auf der Arbeit von Möller, Corina; Bull, Rebecca; Aschersleben, Gisa
   2022 in Journal of Cultural Cognitive Science

Achtsamkeit und De-Automatisierung: Wirkung von achtsamkeitsbasierten Interventionen auf die Verarbeitung emotionaler Gesichtsausdrücke

DOI: https://doi.org/10.1007/s12671-020-01515-2

Kurzfassung – Zusammenfassung

Frühere Forschungen haben ergeben, dass Achtsamkeitstraining den Automatismus bei der Verarbeitung sozio-emotionaler Reize reduziert.

In der vorliegenden Studie sollte untersucht werden, wie die Achtsamkeitspraxis die Verwendung von Vorwissen bei der Erkennung von emotionalen Gesichtsausdrücken reduzieren kann.

Auf der Grundlage eines prädiktiven Hirn-Modells stellten wir die Hypothese auf, dass die Achtsamkeitspraxis die Top-down-Verarbeitung von Informationen mit niedriger Raumfrequenz reduzieren würde.

In diesem Experiment wurden die Leistungen einer Achtsamkeitsgruppe (n = 32) und einer Kontrollgruppe mit Warteliste (n = 30) in einer emotionalen Stroop-Aufgabe vor und nach einem 8-wöchigen Trainingskurs verglichen.

Nach der Messung der Reaktionszeit zeigten die Ergebnisse eine signifikante Interaktion zwischen Gruppe (Achtsamkeit vs. Kontrolle) und Sitzung (vor vs. nach dem Training; p = 0,04; R^2 = 0,001), unabhängig von den Raumfrequenzkanälen.

Die Aufschlüsselung der Interaktion zeigte, dass achtsamkeitsgeschulte Teilnehmer signifikant schneller auf jede Art von Information reagierten als die Kontrollgruppe.

Methoden

Vor Beginn des Programms erklärten sich 32 FOVEA-Teilnehmer (Durchschnittsalter = 51,13 Jahre; 80 % Frauen) und 30 Kontrollpersonen (Durchschnittsalter 46,04 Jahre; 93,75 % Frauen) bereit, die emotionale Stroop-Aufgabe bei T1 (d. h. zu Beginn des Programms) auszufüllen, von denen 25 FOVEA-Teilnehmer und 26 Kontrollpersonen die Aufgabe bei T2 (d. h. nach Ende der Trainingszeit der Experimentalgruppe) ausfüllten.

Von diesen Ausbildern wurden fünf gebeten, ihren Teilnehmern mitzuteilen, dass sie an der vorliegenden Studie teilnehmen könnten, die darin bestand, eine emotionale Stroop-Aufgabe vor und nach dem FOVEA-Programm (Experimentalgruppe) oder während des Wartens auf den Beginn des Programms (Warteliste, Kontrollgruppe) durchzuführen.

Die modifizierte emotionale Stroop-Aufgabe wurde von jedem Teilnehmer zu zwei Zeitpunkten im Abstand von etwa 10 Wochen (vor Beginn und nach Ende des Programms der Versuchsgruppe) einzeln durchgeführt.

Ergebnisse

Diese Analyse zeigte keinen signifikanten Haupteffekt von Priming [$F(1, 185,21)$ = 0,85, p = 0,34] und Emotion [$F(1, 185,21)$ = 0,35, p = 0,55], aber eine signifikante Interaktion zwischen Priming und Emotion [$F(1, 185,21)$ = 3,76, p = 0,05].

Zu den Ergebnissen zu Beginn zeigte die mit beiden Zeitpunkten durchgeführte Analyse einen signifikanten Haupteffekt von Kongruenz [$F(1, 26,614,1)$ = 344,18, p < 0,001], Priming [F(1, 26,614,1) = 4,37, p = 0,02] und Emotion [F(1, 26,614,1) = 105,23, p < 0,001].

Um das Modell zu vereinfachen, haben wir auch ein Modell mit dem Stroop-Effekt [RT (kongruent) – RT (inkongruent)] als abhängige Variable und Gruppe, Zeitpunkt, Priming und Emotion als unabhängige Variablen getestet.

Diskussion

Ziel der vorliegenden Studie war es, festzustellen, inwieweit die Praxis der Achtsamkeit die Verwendung von Vorwissen auf rein wahrnehmungsbezogener Ebene bei der Erkennung von emotionalen Gesichtsausdrücken im Vergleich zu einer Kontrollgruppe mit Warteliste reduzieren kann.

Das Experiment untersuchte die Wirkung eines integrierten achtsamkeitsbasierten Trainings auf die visuelle Verarbeitung auf niedriger Ebene während einer emotionalen Stroop-Aufgabe.

Das in der vorliegenden Studie verwendete Training (FOVEA) wurde entwickelt, um die Flexibilität durch ein integriertes achtsamkeitsbasiertes Trainingsprogramm zu erhöhen.

Welche Mechanismen, die beim Achtsamkeitstraining zum Tragen kommen, beeinflussen wahrscheinlich diese niederschwellige visuelle Verarbeitung emotionaler Reize?

Die Ergebnisse unserer Studie unterstützen zusammen mit denen der oben genannten Studien die Idee, dass achtsamkeitsbasiertes Training die Flexibilität und Aufmerksamkeitseffizienz bei der Verarbeitung von Reizen aus der Umwelt erhöht (Hodgins & Adair, 10; Holzel u. a., 11; Lutz u. a., 12; Moore & Malinowski, 13).

Danksagung

Eine maschinell erstellte Zusammenfassung, basierend auf der Arbeit von Shankland, Rebecca; Favre, Pauline; Kotsou, Ilios; Mermillod, Martial
2020 in Mindfulness

Literatur

1. Gendron, M., Roberson, D., van der Vyver, J. M., & Barrett, L. F. (2014). Cultural relativity in perceiving emotion from vocalizations. Psychological Science, 25(4), 911–920. https://doi.org/10.1177/0956797613517239.
2. Sauter, E., & F., Ekman, P., & Scott, S. K. . (2010). Cross-cultural recognition of basic emotions through nonverbal emotional vocalizations. Proceedings of the National Academy of Sciences, 107(6), 2408–2412. https://doi.org/10.1073/pnas.0908239106.

3. Cohen, J. (1977). Statistical power analysis for the behavioral sciences. Academic Press.
4. Richardson, J. T. E. (2011). January). Eta squared and partial eta squared as measures of effect size in educational research. Educational Research Review, 6, 135–147. https://doi.org/10.1016/j.edurev.2010.12.001.
5. Masuda, M. (2014). The development of emotional expression and understanding in young children. Japanese Journal of Developmental Psychology, 25, 151–161.
6. Cox, M. V. (2005). The pictorial world of the child. Cambridge: Cambridge University Press.
7. Sayõl, M. (2001). Children's drawings of emotional faces. British Journal of Developmental Psychology, 19, 493–505.
8. Bullock, M., & Russell, J. A. (1985). Further evidence on preschoolers' interpretation of facial expressions. International Journal of Behavioral Development, 8, 15–38.
9. Widen, S. C., & Russell, J. A. (2008). Children acquire emotion categories gradually. Cognitive Development, 23, 291–312.
10. Hodgins, H. S., & Adair, K. C. (2010). Attentional processes and meditation. Consciousness and Cognition, 19(4), 872–878. https://doi.org/10.1016/j.concog.2010.04.002.
11. Holzel, B. K., Lazar, S. W., Gard, T., Schuman-Olivier, Z., Vago, D. R., & Ott, U. (2011). How does mindfulness meditation work? Proposing mechanisms of action from a conceptual and neural perspective. Perspectives on Psychological Science, 6, 537–559. https://doi.org/10.1177/1745691611419671.
12. Lutz, A., Slagter, H. a., Dunne, J. D., & Davidson, R. J. (2008). Attention regulation and monitoring in meditation. Trends in Cognitive Sciences, 12(4), 163–169. https://doi.org/10.1016/j.tics.2008.01.005.
13. Moore, A., & Malinowski, P. (2009). Meditation, mindfulness and cognitive flexibility. Consciousness and Cognition, 18(1), 176–186. https://doi.org/10.1016/j.concog.2008.12.008.
14. Campos, B., Shiota, M. N., Keltner, D., Gonzaga, G. C., & Goetz, J. L. (2013). What is shared, what is different? Core relational themes and expressive displays of eight positive emotions. Cognition & Emotion, 27(1), 37–52. https://doi.org/10.1080/02699931.2012.683852.
15. Graham, L. E., Thomson, A. L., Nakamura, J., Brandt, I. A., & Siegel, J. T. (2017). Finding a family: A categorization of enjoyable emotions. The Journal of Positive Psychology, 14(2), 206–229. https://doi.org/10.1080/17439760.2017.1402074.
16. Sauter, D. A. (2017). The Nonverbal Communication of Positive Emotions: An Emotion Family Approach. Emotion Review, 9(3), 222–234. https://doi.org/10.1177/1754073916667236.
17. Shiota, M. N., Campos, B., Oveis, C., Hertenstein, M. J., Simon-Thomas, E., & Keltner, D. (2017). Beyond Happiness: Building a Science of Discrete Positive Emotions. American Psychologist, 72(7), 617–643. https://doi.org/10.1037/a0040456.
18. Weidman, A. C., & Tracy, J. L. (2020). Picking up good vibrations: Uncovering the content of distinct positive emotion subjective experience. Emotion, 20(8), 1311–1331. https://doi.org/10.1037/emo0000677.
19. Yih, J., Kirby, L. D., & Smith, C. A. (2020). Profiles of appraisal, motivation, and coping for positive emotions. Cognition and Emotion, 34(3), 481–497. https://doi.org/10.1080/02699931.2019.1646212.
20. Borke, H., & Su, S. (1972). Perception of emotional responses to social interactions by Chinese and American children. Journal of Cross-Cultural Psychology, 3(3), 309–314. https://doi.org/10.1177/002202217200300309.
21. Matsumoto, D., Kudoh, T., Scherer, K., & Wallbott, H. (1988). Antecedents of and reactions to emotions in the United States and Japan. Journal of Cross-Cultural Psychology, 19(3), 267–286. https://doi.org/10.1177/0022022188193001.

22. Mauro, R., Sato, K., & Tucker, J. (1992). The Role of Appraisal in Human Emotions: A Cross-Cultural Study. Journal of Personality and Social Psychology, 62(2), 301–317. https://doi.org/10.1037/0022-3514.62.2.301.
23. Scherer, K. R., & Ceshi, G. (1997). Lost luggage: A field study of emotion-antecedent appraisal. Motivation & Emotion, 21, 211–235. https://doi.org/10.1023/A:1024498629430.
24. Scherer, K. R., & Wallbott, H. G. (1994). Evidence for universality and cultural variation of differential emotion response patterning. Journal of personality and social psychology, 66(2), 310–328. https://doi.org/10.1037/0022-3514.66.2.310.
25. Ellsworth, P. C., & Smith, C. A. (1988). Shades of Joy: Patterns of Appraisal Differentiating Pleasant Emotions. Cognition & Emotion, 2(4), 301–331. https://doi.org/10.1080/02699938808412702.
26. Tong, E. M. W. (2015). Differentiation of 13 positive emotions by appraisals. Cognition and Emotion, 29(3), 484–503. https://doi.org/10.1080/02699931.2014.922056.
27. McGraw, A. P., & Warren, C. (2010). Benign violations: Making immoral behavior funny. Psychological Science, 21(8), 1141–1149. https://doi.org/10.1177/0956797610376073.
28. Morreall, J. (1989). Enjoying incongruity. Humor – International Journal of Humor Research, 2(1), 1–18. https://doi.org/10.1515/humr.1989.2.1.1.
29. Keltner, D., & Haidt, J. (2003). Approaching awe, a moral, spiritual, and aesthetic emotion. Cognition and Emotion, 17(2), 297–314. https://doi.org/10.1080/02699930302297.
30. Shiota, M. N., Keltner, D., & Mossman, A. (2007). The nature of awe: Elicitors, appraisals, and effects on self-concept. Cognition and Emotion, 21(5), 944–963. https://doi.org/10.1080/02699930600923668.
31. Bai, Y., Maruskin, L. A., Chen, S., Gordon, A. M., Stellar, J. E., McNeil, G. D., & Keltner, D. (2017). Awe, the diminished self, and collective engagement: Universals and cultural variations in the small self. Journal of Personality and Social Psychology, 113(2), 185–209. https://doi.org/10.1037/pspa0000087.
32. Goetz, J. L., Keltner, D., & Simon-Thomas, E. (2010). Compassion: an evolutionary analysis and empirical review. Psychological Bulletin, 136(3), 351–374. https://doi.org/10.1037/a0018807.
33. Berridge, K. C. (2009). Wanting and liking: Observations from the neuroscience and psychology laboratory. Inquiry, 52(4), 378–398. https://doi.org/10.1080/00201740903087359.
34. Robinson, M. J. F., Fischer, A. M., Ahuja, A., Lesser, E. N., & Maniates, H. (2015). Roles of "wanting" and "liking" in motivating behavior: gambling, food, and drug addictions. Behavioral Neuroscience of Motivation,105–136
35. Schroeder, T. (2006). Desire. Philosophy Compass, 1(6), 631–639. https://doi.org/10.1111/j.1747-9991.2006.00047.x.
36. Algoe, S. B., Haidt, J., & Gable, S. L. (2008). Beyond reciprocity: Gratitude and relationships in everyday life. Emotion, 8, 425–429. https://doi.org/10.1037/1528-3542.8.3.425.
37. Bartlett, M. Y., & DeSteno, D. (2006). Gratitude and prosocial behavior: Helping when it costs you. Psychological Science, 17, 319–325. https://doi.org/10.1111/j.1467-9280.2006.01705.x.
38. McCullough, M. E., Kilpatrick, S. D., Emmons, R. A., & Larson, D. B. (2001). Is gratitude a moral affect. Psychological Bulletin, 127, 249–266. https://doi.org/10.1037/0033-2909.127.2.249.
39. Reisenzein, R., & Spielhofer, C. (1994). Subjectively salient dimensions of emotional appraisal. Motivation and Emotion, 18(1), 31–77. https://doi.org/10.1007/BF02252474.
40. Silvia, P. J. (2008). Interest – The curious emotion. Current Directions in Psychological Science, 17(1), 57–60. https://doi.org/10.1111/j.1467-8721.2008.00548.x.

41. Sung, B., & Yih, J. (2015). Does interest broaden or narrow attentional scope? Cognition and Emotion, 30, 1485–1494. https://doi.org/10.1080/02699931.2015.1071241.
42. Bowlby, J. (1979). The bowlby-ainsworth attachment theory. Behavioral and Brain Sciences, 2(4), 637–638. https://doi.org/10.1017/S0140525X00064955.
43. Shiota, M. N., Campos, B., Keltner, D., & Hertenstein, M. J. (2004). Positive emotion and the regulation of interpersonal relationships. In The Regulation of Emotion (pp. 129–157). https://doi.org/10.4324/9781410610898.
44. Roseman, I. J. (2013). Appraisal in the emotion system: Coherence in strategies for coping. Emotion Review, 5(2), 141–149. https://doi.org/10.1177/1754073912469591.
45. Shiota, M. N., Neufeld, S. L., Danvers, A. F., Osborne, E. A., Sng, O., & Yee, C. I. (2014). Positive Emotion Differentiation: A Functional Approach. Social and Personality Psychology Compass, 8(3), 104–117. https://doi.org/10.1111/spc3.12092.
46. Smith, S., Gentleman, M., Loads, D., & Pullin, S. (2014). An exploration of a restorative space: A creative approach to reflection for nurse lecturer's focused on experiences of compassion in the workplace. Nurse Education Today, 34(9), 1225–1231. https://doi.org/10.1016/j.nedt.2014.03.003.
47. Fischer, K. W., & Ayoub, C. (2013). Analyzing development of working models of close relationships: Illustration with a case of vulnerability and violence. In G. G. Noam, & K. W. Fischer (Eds.), Development and vulnerability in close relationships. New Jersey: Lawrence Erlbaum Associates
48. Tracy, J. L., & Robins, R. W. (2004). Putting the self into self-conscious emotions: A theoretical model. Psychological Inquiry, 15, 103–125. https://doi.org/10.1207/s15327965pli1502_01.
49. Williams, L. A., & DeSteno, D. (2009). Pride: Adaptive social emotion or seventh sin? Psychological Science, 20(3), 284–288. https://doi.org/10.1111/j.1467-9280.2009.02292.x.
50. Tracy, J. L., Shariff, A. F., & Cheng, J. T. (2010). A naturalist's view of pride. Emotion Review, 2(2), 163–177. https://doi.org/10.1177/1754073909354627.
51. Henrich, J., & Gil-White, F. J. (2001). The evolution of prestige: Freely conferred deference as a mechanism for enhancing the benefits of cultural transmission. Evolution and Human Behavior, 22(3), 165–196. https://doi.org/10.1016/S1090-5138(00)00071-4.
52. Tong, E. M., & Jia, L. (2017). Positive emotion, appraisal, and the role of appraisal overlap in positive emotion co-occurrence. Emotion, 17(1), 40–54. https://doi.org/10.1037/emo0000203.
53. Sauter, D. A., Eisner, F., Ekman, P., & Scott, S. K. (2015). Emotional Vocalizations Are Recognized Across Cultures Regardless of the Valence of Distractors. Psychological Science, 26(3), 354–356. https://doi.org/10.1177/0956797614560771.
54. Frijda, N. H., Kuipers, P. & Ter Schure, E. (1989). Relations among emotion, appraisal, and emotional action readiness. Journal of Personality and Social Psychology, 57, 212–228. https://doi.org/10.1037/0022-3514.57.2.212.
55. Roseman, I. J., Antoniou, A. A., & Jose, P. E. (1996). Appraisal Determinants of Emotions: Constructing a More Accurate and Comprehensive Theory. Cognition and Emotion, 10(3), 241–278. https://doi.org/10.1080/026999396380240.
56. Smith, C. A., & Ellsworth, P. C. (1985). Patterns of cognitive appraisal in emotion. Journal of Personality and Social Psychology, 48, 813–838. https://doi.org/10.1037/0022-3514.48.4.813.
57. Weiner, B. (1985). An attributional theory of achievement motivation and emotion. Psychological Review, 92, 548–573. https://doi.org/10.1037/0033-295X.92.4.548.
58. Kamiloglu, R., Cong, Y. Q., Sun, R., & Sauter, D. (2021).Emotions Across Cultures. https://doi.org/10.31219/osf.io/9e3sn.

59. Hu, X., & Kaplan, S. (2015). Is "feeling good" good enough? Differentiating discrete positive emotions at work. Journal of Organizational Behavior, 36(1), 39–58. https://doi.org/10.1002/job.1941.
60. Sauter, D. (2010). More than happy: The need for disentangling positive emotions. Current Directions in Psychological Science, 19(1), 36–40. https://doi.org/10.1177/2F0963721409359290.
61. Deng, X., An, S., & Cheng, C. (2019a). Cultural differences in the implicit and explicit attitudes toward emotion regulation. Personality and Individual Differences, 149, 220–222. https://doi.org/10.1016/j.paid.2019.05.057.
62. An, S., Ji, L. J., Marks, M., & Zhang, Z. (2017). Two sides of emotion: Exploring positivity and negativity in six basic emotions across cultures. Frontiers in Psychology, 8, 610. https://doi.org/10.3389/fpsyg.2017.00610.
63. An, S., Marks, M., & Trafimow, D. (2016). Affect, emotion, and cross-cultural differences in moral attributions. Current Research in Social Psychology, 24(1), 1–12.
64. Bagozzi, R. P., Wong, N., & Yi, Y. (1999). The role of culture and gender in the relationship between positive and negative affect. Cognition & Emotion, 13(6), 641–672. https://doi.org/10.1080/026999399379023.
65. Miyamoto, Y., & Ma, X. (2011). Dampening or savoring positive emotions: A dialectical cultural script guides emotion regulation. Emotion, 11(6), 1346–1357. https://doi.org/10.1037/a0025135.
66. Bai, L., Ma, H., Huang, Y. X., & Luo, Y. J. (2005). The development of native Chinese affective picture system-a pretest in 46 college students. Chinese Mental Health Journal, 19, 719–722.
67. Lang, P. J., Bradley, M. M., & Cuthbert, B. N. (2005). International affective picture system (IAPS): Affective ratings of pictures and instruction manual (tech. Rep. No. A-6). Gainesville, FL: University of Florida.
68. Markham, R., & Wang, L. (1996). Recognition of emotion by Chinese and Australian children. Journal of Cross-Cultural Psychology, 27, 616–643.
69. Yang, Y., Wang, L., & Wang, Q. (2021). Take your word or tone for it? European American and Chinese children's attention to emotional cues in speech. Child Development. https://doi.org/10.1111/cdev.13576.
70. Pons, F., Harris, P. L., & de Rosnay, M. (2004). Emotion comprehension between 3 and 11 years: Developmental periods and hierarchical organization. European Journal of Developmental Psychology, 1(2), 127–152. https://doi.org/10.1080/17405620344000022.
71. Chronaki, G., Hadwin, J. A., Garner, M., Maurage, P., & Sonuga-Barke, E. J. S. (2015). The development of emotion recognition from facial expressions and non-linguistic vocalizations during childhood. British Journal of Developmental Psychology, 33(2), 218–236. https://doi.org/10.1111/bjdp.12075.
72. Durand, K., Gallay, M., Seigneuric, A., Robichon, F., & Baudouin, J. Y. (2007). The development of facial emotion recognition: The role of configural information. Journal of Experimental Child Psychology, 97(1), 14–27. https://doi.org/10.1016/j.jecp.2006.12.001.
73. Juen, F., Huber, E. B., & Peham, D. (2012). Geschlechts- und Altersunterschiede in der Emotionserkennung von Kindern und Jugendlichen: Erste Analysen mit FACS codierten Kindergesichtern. Zeitschrift für Entwicklungspsychologie und Pädagogische Psychologie, 44(4), 178–191. https://doi.org/10.1026/0049-8637/a000072.
74. Markus, H. R., & Kitayama, S. (1991). Culture and the self: Implications for cognition, emotion, and motivation. Psychological Review, 98(2), 224–253. https://doi.org/10.1037/0033-295x.98.2.224.
75. Mesquita, B., & Frijda, N. H. (1992). Cultural Variations in Emotions: A Review. Psychological Bulletin, 112(2), 179–204. https://doi.org/10.1037/0033-2909.112.2.179.

76. Kawahara, M., Sauter, D. A., & Tanaka, A. (2021). Culture shapes emotion perception from faces and voices: changes over development. Cognition and Emotion, 1–12. https://doi.org/1 0.1080/02699931.2021.1922361.

77. Matsumoto, D., & Kishimoto, H. (1983). Developmental characteristics in judgments of emotion from nonverbal vocal cues. International Journal of Intercultural Relations, 7(4), 415–424. https://doi.org/10.1016/0147-1767(83)90047-0.

78. Wang, Q. (2008). Emotion knowledge and autobiographical memory across the preschool years: a cross-cultural longitudinal investigation. Cognition, 108, 117–135.

79. Yang, Y., & Wang, Q. (2016). The relation of emotion knowledge to coping in European American and Chinese immigrant children. Journal of Child and Family Studies, 25, 452–463.

80. Wang, Q., Leichtman, M. D., & Davies, K. I. (2000). Sharing memories and telling stories: American and Chinese mothers and their 3-year-olds. Memory, 8(3), 159–177. https://doi. org/10.1080/096582100387588.

81. Hofstede, G. (2001). Culture's consequences: Comparing values, behaviors, institutions, and organizations across nations (vol. 2). Sage Publications. https://digitalcommons.usu.edu/unf_ research/53

82. Hofstede, G. (2011). Dimensionalizing cultures: The Hofstede model in context. Online Readings in Psychology and Culture, 2(1). https://doi.org/10.9707/2307-0919.1014.

83. Wang, Q. (2003). Emotion situation knowledge in American and Chinese preschool children and adults. Cognition and Emotion, 17(5), 725–746. https://doi.org/10.1080/02699930302285.

84. Janke, B. (2006). Skala zur Erfassung des Emotionswissens für 3- bis 10-jährige Kinder. Pädagogische Hochschule

85. Doan, S. N., & Wang, Q. (2018). Children's emotion knowledge and internalizing problems: the moderating role of culture. Transcultural Psychiatry, 55, 689–709.

86. Fang, X., Sauter, D. A., & van Kleef, G. A. (2020). Unmasking smiles: The influence of culture and intensity on interpretations of smiling expressions. Journal of Cultural Cognitive Science, 4(3), 293–308. https://doi.org/10.1007/s41809-019-00053-1.

87. Salovey, P., & Mayer, J. D. (1990). Emotional intelligence. *Imagination, cognition and personality, 9*(3), 185-211.

88. Chua, H. F., Boland, J. E., & Nisbett, R. E. (2005). Cultural variation in eye movements during scene perception. *Proceedings of the national academy of sciences, 102*(35), 12629-12633.

89. Masuda, T., & Nisbett, R. E. (2001). Attending holistically versus analytically: comparing the context sensitivity of Japanese and Americans. *Journal of personality and social psychology, 81*(5), 922.

90. Cosme, G., Tavares, V., Nobre, G. *et al.* Cultural differences in vocal emotion recognition: a behavioural and skin conductance study in Portugal and Guinea-Bissau. *Psychological Research* **86**, 597–616 (2022). https://doi.org/https://doi.org/10.1007/s00426-021-01498-2

91. Masuda, M., Gosselin, P. & Nomura, M. Japanese Children's Knowledge of the Facial Components of Basic Emotions. *J Nonverbal Behav* **42**, 253–266 (2018). https://doi.org/https://doi. org/10.1007/s10919-017-0272-1

92. Deng, X., An, S. & You, Y. Cross-cultural differences in the processing of social and non-social positive emotions: An ERP study. *Curr Psychol* (2022). https://doi.org/https://doi.org/10.1007/ s12144-021-02604-8

93. Cong, YQ., Keltner, D. & Sauter, D. Cultural variability in appraisal patterns for nine positive emotions. *J Cult Cogn Sci* **6**, 51–75 (2022). https://doi.org/https://doi.org/10.1007/ s41809-022-00098-9

94. Möller, C., Bull, R. & Aschersleben, G. Culture shapes preschoolers' emotion recognition but not emotion comprehension: a cross-cultural study in Germany and Singapore. *J Cult Cogn Sci* **6**, 9–25 (2022). https://doi.org/https://doi.org/10.1007/s41809-021-00093-6

95. Shankland, R., Favre, P., Kotsou, I. *et al.* Mindfulness and De-automatization: Effect of Mindfulness-Based Interventions on Emotional Facial Expressions Processing. *Mindfulness* **12**, 226–239 (2021). https://doi.org/https://doi.org/10.1007/s12671-020-01515-2

96. Yih, J., Uusberg, A., Taxer, J. L., & Gross, J. J. (2019). Better together: a unified perspective on appraisal and emotion regulation. *Cognition and Emotion*, *33*(1), 41-47.

97. Gonzaga, G. C., Turner, R. A., Keltner, D., Campos, B., & Altemus, M. (2006). Romantic love and sexual desire in close relationships. *Emotion*, *6*(2), 163.

Glück und Wohlbefinden auf der ganzen Welt

3

Thu Trang Vu, Dung Vu und Thi Mai Lan Nguyen

Schlüsselwörter

Glück · Prinzip der hedonischen · Notwendigkeit · Selbstkonzept · Glaube

Emotionen sind die treibende Kraft von Verhaltensweisen. So vielfältig die Welt der Emotionen auch ist, Glück nimmt immer noch einen besonderen Platz ein, da es als das ultimative Lebensziel angesehen wird. Die erste in diesem Kapitel ausgewählte Studie stammt von Quoidbach und Kollegen (34). Sie untersuchten die Rolle des Glücks bei der Motivation von Menschen in verschiedenen Kulturen, Lebensziele zu erreichen. Sie fanden heraus, dass sich Japaner und Amerikaner zwar in den täglichen Aktivitäten unterscheiden, die ihnen angenehm oder unangenehm sind, aber sie handeln alle nach dem Prinzip der hedonischen Flexibilität. Sie neigen dazu, Handlungen zu bevorzugen, die ihre Stimmung heben, wenn sie traurig sind, und sind bereit, weniger angenehme Aktivitäten zu unternehmen, die langfristige Vorteile bringen, wenn sie glücklich sind. Diese Erkenntnis unterstreicht die Bedeutung von Glück und positiven Emotionen im Leben und erklärt, warum die Glücksforschung in der letzten Zeit so floriert.

Die Kulturen scheinen ähnliche Rezepte für Glück und Wohlbefinden zu haben. Glück basiert auf Bedürfnissen, wie in 4 Studien, die in diesem Kapitel zitiert werden, berichtet wird. Gherghel et al. (35) berichteten, dass in allen Kulturen die Bedürfnisse nach Auto-

T. T. Vu (✉)
Faculty of Psychology and Education, Hanoi National University of Education, Hanoi, Vietnam
E-Mail: trangvt@hnue.edu.vn

D. Vu · T. M. L. Nguyen
Institute of Psychology, Hanoi, Vietnam

T. T. Vu et al. (Hrsg.), *Emotionen in der interkulturellen Psychologie*,
https://doi.org/10.1007/978-3-658-39458-5_3

nomie, Verbundenheit und Kompetenz steigen, wenn Menschen anderen helfen, was sie glücklicher macht. Lekes et al. (36) und Filus et al. (37) fanden heraus, dass sich die Kinder glücklicher fühlen, wenn Eltern das Bedürfnis nach Autonomie bei ihren Kindern unterstützen. Auch Looze et al. (38) zufolge fühlt sich das Kind unterstützt und zufriedener, wenn beide Elternteile an der Kinderbetreuung beteiligt sind (sie teilen sich die familiären Pflichten und gehen auf die Bedürfnisse des Kindes ein).

Glück hängt auch von den Denkmustern ab, und in diesem Aspekt werden kulturelle Unterschiede deutlicher. Arimitsu et al. (39) untersuchten das Mitgefühl von Japanern und Amerikanern und fanden heraus, dass sich Menschen sowohl in kollektivistischen als auch in individualistischen Kulturen glücklicher fühlen, wenn sie für sich selbst sorgen. Die Fürsorge für andere führt jedoch bei Kollektivisten zu einer anderen Art von Glück: interdependentes Glück, bei dem das persönliche Glück vom Glück anderer abhängt. Diesem kulturübergreifenden Unterschied liegt ein Selbstkonzept zugrunde: Kollektivisten haben ein stärker interdependentes Selbstkonzept, und Mitgefühl für andere passt zu ihrem interdependenten Selbstkonzept. In ähnlicher Weise berichtete Joshanloo (40), dass Menschen in allen Kulturen, die der Überzeugung sind, dass ihr Glück von anderen abhängt (Glaube an kollektives Glück), dem Glück eher abgeneigt sind als Menschen, die diese Vorstellung nicht haben. Ròżycka-Tran et al. (41) fanden heraus, dass Menschen, die glauben, das Leben sei ein Nullsummenspiel, sich negativer und weniger zufrieden mit dem Leben fühlen. Diese Ergebnisse deuten wiederum darauf hin, dass das Glücksempfinden von der Überzeugung über das Glück abhängt.

In Kap. 3 enthaltene Veröffentlichungen

Vom Affekt zum Handeln: Wie Vergnügen alltägliche Entscheidungen in Japan und den USA beeinflusst | DOI: https://doi.org/10.1007/s11031-019-09785-7

Der Zusammenhang zwischen der Häufigkeit von freundlichen Handlungen und dem subjektiven Wohlbefinden: Ein Mediationsmodell in drei Kulturen | DOI: https://doi.org/10.1007/s12144-019-00391-x

Elterliche Autonomie-Unterstützung, intrinsische Lebensziele und Wohlbefinden bei Jugendlichen in China und Nordamerika | DOI: https://doi.org/10.1007/s10964-009-9451-7

Elternschaft und das Wohlbefinden von Jugendlichen in Griechenland, Norwegen, Polen und der Schweiz: Zusammenhänge mit der Individuation von Eltern | DOI: https://doi.org/10.1007/s10826-018-1283-1

Die glücklichsten Kinder der Welt. Geschlechtergleichheit und Lebenszufriedenheit von Jugendlichen in Europa und Nordamerika | DOI: https://doi.org/10.1007/s10964-017-0756-7

Unterschiede zwischen Japan und den USA in Bezug auf Mitgefühl, Wohlbefinden und soziale Ängste | DOI: https://doi.org/10.1007/s12671-018-1045-6

Prädiktoren für die Abneigung gegen Glück: Neue Einsichten aus einer multinationalen Studie | DOI: https://doi.org/10.1007/s11031-022-09954-1

Glaube an ein Nullsummenspiel und subjektives Wohlbefinden in 35 Ländern | DOI: https://doi.org/10.1007/s12144-019-00291-0

Vom Affekt zum Handeln: Wie Vergnügen alltägliche Entscheidungen in Japan und den USA beeinflusst

DOI: https://doi.org/10.1007/s11031-019-09785-7

Kurzfassung – Zusammenfassung

Anschließend untersuchten wir, wie die affektive Valenz zu einem bestimmten Zeitpunkt (Zeitpunkt t) mit den Arten von Aktivitäten zusammenhing, denen die Personen zu einem späteren Zeitpunkt (Zeitpunkt t + 1) nachgingen.

Wir fanden zwar einige kulturelle Unterschiede bei den Arten von täglichen Aktivitäten, die japanische und amerikanische Teilnehmer als angenehm oder unangenehm empfanden, aber zeitlich verzögerte logistische Regressionen auf mehreren Ebenen zeigten, dass beide Gruppen eine bemerkenswert ähnliche Neigung zeigten, sich auf vergnügungsfördernde Aktivitäten einzulassen, wenn sie sich schlecht fühlten, und auf weniger angenehme Aktivitäten, die einen längerfristigen Gewinn versprechen, wenn sie sich gut fühlten.

Diese Ergebnisse unterstützen kulturübergreifend das Prinzip der hedonischen Flexibilität der menschlichen Motivation, derzufolge affektive Zustände den Menschen helfen, in ihrem Alltag Prioritäten zwischen kurz- und längerfristigen Wohlfühlzielen zu setzen.

Einführung

Indirekte Belege für das Prinzip der hedonischen Flexibilität finden sich in Forschungsarbeiten, die gezeigt haben, dass in der Allgemeinbevölkerung negative Stimmungszustände Menschen typischerweise zu „stimmungsverbessernden" Verhaltensweisen motivieren (z. B. Wohlfühlfilme, Freunde treffen, Sport treiben …; Schaller und Cialdini 1; Thayer u. a. 2) und oft die Selbstregulierung für längerfristige Ziele untergraben.

Das Prinzip der hedonischen Flexibilität hat seine Wurzeln in einer evolutionären Perspektive, derzufolge eine der Funktionen affektiver Zustände darin besteht, Individuen dabei zu helfen, angemessene Prioritäten zwischen kurz- und längerfristigen Zielen zu setzen (Carver und Scheier 3; Frijda 4; Simon 5).

Diese bedeutenden kulturellen Unterschiede im Zusammenhang mit Emotionen lassen die Möglichkeit aufkommen, dass affektive Zustände je nach kulturellem Hintergrund einen unterschiedlichen Einfluss auf die täglichen Entscheidungen der Menschen ausüben können.

Wenn die Dynamik, die Affekt und Entscheidungsfindung verbindet, eher kulturelle als evolutionäre Überlegungen widerspiegelt, würde man auf der Grundlage dieser Forschungsliteratur erwarten, dass Amerikaner eine größere Neigung zu angenehmen, stimmungsaufhellenden Aktivitäten zeigen als Japaner, wenn sie sich schlecht fühlen.

Methode

Zunächst untersuchten wir, getrennt für jedes Land, ob die aktuelle affektive Valenz der Teilnehmer (Valenz zum Zeitpunkt t; standardisiert auf der Ebene des Personenmittelwerts; Curran und Bauer 6) mit der Wahrscheinlichkeit zusammenhängt, dass sie später jeder unserer 21 Aktivitäten (Aktivität zum Zeitpunkt t + 1) nachgehen, indem wir eine Reihe von binären logistischen Regressionen mit gemischten Modellen und einem zufälligen Intercept verwendeten, um die verschachtelte Struktur der Daten zu berücksichtigen.

In den Regressionsmodellen führten wir Kontrollen durch in Bezug auf den Wochentag, die Tageszeit und die Frage, ob die Teilnehmer zum Zeitpunkt t den verschiedenen anderen Aktivitäten nachgingen. Diese Analysen wurden mit dem lmer-Paket für R durchgeführt. In einem letzten Schritt kombinierten wir, getrennt für jedes Land, die Schätzungen, die wir in den beiden vorangegangenen Schritten erhalten hatten (d. h., wie die affektive Valenz mit der Neigung zusammenhängt, jeder Aktivität nachzugehen, und wie sich die Menschen infolge der Ausübung jeder Aktivität fühlen), und berechneten die Korrelation zwischen den beiden als Maß für die Stärke des Prinzips der hedonischen Flexibilität.

Ergebnisse

Wenn die täglichen Aktivitäten einer natürlichen Abfolge folgen, die nicht von der affektiven Valenz beeinflusst wird, aber entsprechende Veränderungen der affektiven Valenz hervorruft (z. B. fühlen sich die Menschen beim Essen gut, beim Abwaschen schlecht, und die Menschen essen typischerweise, bevor sie abwaschen), dann könnte man erwarten, dass ähnliche Assoziationen zwischen der affektiven Valenz und der Art der Aktivitäten zu beobachten sind wie jene, die wir beobachtet haben, selbst wenn die affektive Valenz nicht zu einer Veränderung bei der Wahl der Aktivitäten führt.

Wir haben uns dafür entschieden, die affektiven Auswirkungen von Aktivitäten auf der Grundlage von Differenzwerten zwischen den Zeitpunkten t und t + 1 zu schätzen, weil wir glauben, dass dies den dynamischen, regulierenden Charakter des hedonischen Flexibilitätsprinzips hervorhebt: Wenn sich Menschen in einem unangenehmen affektiven Zustand befinden, werden sie eher etwas tun, das ihnen ein besseres Gefühl vermittelt; wenn sie sich in einem positiven affektiven Zustand befinden, werden sie eher etwas tun, das kurzfristige hedonische Kosten verursacht (wodurch sie sich tatsächlich schlechter fühlen).

Diskussion

Die Forschung legt nahe, dass Menschen dazu neigen, Situationen zu suchen, die einen „idealen" Affekt auslösen, und dass sich solche Ideale zwischen den Kulturen unterscheiden können (Tsai 7): Amerikaner bevorzugen positive Zustände mit hoher Erregung (z. B. Aufregung), während Ostasiaten eher positive Zustände mit geringer Erregung (z. B. Zufriedenheit) bevorzugen.

Wenn sich die Kulturen hinsichtlich des vorherrschenden idealen Affekts unterscheiden und der ideale Affekt die alltägliche Entscheidungsfindung bestimmt, könnte man annehmen, dass die Wahl der Aktivität bei Japanern hauptsächlich mit einem niedrigen und bei Amerikanern mit einem hohen affektiven Erregungszustand zusammenhängt.

Während zukünftige experimentelle Forschungen notwendig sind, um individuelle Unterschiede in der täglichen Affektregulierung zu untersuchen und zu dokumentieren, wie spezifische affektive Zustände (z. B. Zufriedenheit vs. Erregung) mit alltäglichen Entscheidungen zusammenhängen, tragen unsere Ergebnisse zu der wachsenden Zahl von Belegen bei, die die Vorstellung unterstützen, dass das Prinzip der hedonischen Flexibilität im Herzen der menschlichen Motivation liegen könnte.

Danksagung

Eine maschinell erstellte Zusammenfassung, basierend auf der Arbeit von Quoidbach, Jordi; Sugitani, Yoko; Gross, James J.; Taquet, Maxime; Akutsu, Satoshi 2019 in Motivation and Emotion

Die Beziehung zwischen der Häufigkeit freundlicher Handlungen und dem subjektiven Wohlbefinden: Ein Mediationsmodell in drei Kulturen

DOI: https://doi.org/10.1007/s12144-019-00391-x

Kurzfassung – Zusammenfassung

In zwei Studien wurde der Zusammenhang zwischen der Häufigkeit prosozialer Handlungen und dem subjektiven Wohlbefinden untersucht.

Studie 2 zeigte, dass die Bedürfnisse nach Verbundenheit, Kompetenz und Autonomie die Beziehung zwischen der Häufigkeit freundlicher Handlungen und dem subjektiven Wohlbefinden vermitteln.

Die Ergebnisse tragen zur kulturübergreifenden Literatur bei, die darauf hindeutet, dass prosoziales Verhalten das Wohlbefinden des Wohltäters steigert.

Studie 1

Die Konstruktvalidität des Fragebogens zur Häufigkeit von Freundlichkeit wurde durch die Durchführung von Regressionsanalysen zur Vorhersage der Häufigkeit von Freundlichkeitshandlungen in Abhängigkeit von emphatischem Interesse und sozialer Wertorientierung getestet, wobei demografische Variablen (kultureller Hintergrund, Geschlecht, Alter und Bildung) und der Antwortstil (Extremität und Duldung) kontrolliert wurden.

Die unifaktorielle 6-Item-Skala zur Häufigkeit von Freundlichkeit zeigte in allen drei Kulturen eine gute interne Konsistenz (α = 0,82–0,85), sodass wir den Mittelwert der 6 Items errechneten.

Wir sagten die Häufigkeit von Freundlichkeit voraus, getrennt nach Empathie und sozialer Wertorientierung, wobei wir für die Kultur (zwei Dummy-Variablen, amerikanisch = 1 für US-Bürger, 0 für andere, und rumänisch = 1 für rumänische Staatsbürger, 0 für andere), das Geschlecht (Dummy = 1 = weiblich, 0 = männlich), das Alter, die Bildung (Dummy = 1 = mit Hochschulabschluss oder höher, 0 = mit weniger als einem Hochschulabschluss) und den Antwortstil kontrollierten.

In Anlehnung an frühere Untersuchungen (Davis 42; Eisenberg und Miller 43) zeigte sich ein positiver Zusammenhang zwischen empathischer Anteilnahme und der Häufigkeit freundlicher Handlungen, unabhängig vom Reaktionsstil der Teilnehmer, was die konvergente Validität der Skala bestätigt.

Studie 2

Ziel der Studie 2 ist es, die vermittelnden Effekte von Autonomie-, Beziehungs- und Kompetenzbedürfnisbefriedigung (Deci und Ryan 8) auf die Beziehung zwischen der Häufigkeit des Ausführens von freundlichen Handlungen und dem subjektiven Wohlbefinden zu testen.

Bei den unabhängigen Amerikanern könnte die Befriedigung des Bedürfnisses nach Autonomie der stärkste Vermittler der Beziehung zwischen Freundlichkeit und Wohlbefinden sein, da die Ausübung von prosozialem Verhalten zu einer Stärkung des Gefühls der persönlichen Handlungsfähigkeit führen könnte, während die Befriedigung der Bedürfnisse nach Verbundenheit und Kompetenz schwächere Vermittlungseffekte haben könnte (Hypothese 2.3).

Bei der Schätzung der Effekte für die gesamte Stichprobe vermittelte die Befriedigung aller drei psychologischen Bedürfnisse die Beziehung zwischen Freundlichkeit und Wohlbefinden (Verbundenheit b = 0,251, 95 % CI [0,150, 0,370]; Kompetenz b = 0,351, 95 % CI [0,235, 0,489]; Autonomie b = 0,115, 95 % CI [0,035, 0,206]).

Allgemeine Diskussion

Ziel von Studie 1 war es, einen kurzen Fragebogen zu entwickeln, mit dem die Häufigkeit kleiner freundlicher Handlungen gemessen werden kann, um ihn in der kulturübergreifenden Forschung einzusetzen, wohingegen Studie 2 darauf abzielte, den Mechanismus zu erforschen, durch den prosoziales Verhalten das Wohlbefinden des Wohltäters in verschiedenen Kulturen steigert.

Ziel dieser Studie war es, einen Erklärungsmechanismus für die Beziehung zwischen prosozialem Verhalten und subjektivem Wohlbefinden zu testen und zu untersuchen, ob es kulturelle Unterschiede in dem Prozess gibt, durch den Freundlichkeit das Wohlbefinden des Wohltäters steigert.

Unsere Studie liefert nur einige vorläufige Ergebnisse, die darauf hindeuten, dass die Befriedigung der Bedürfnisse nach Verbundenheit, Kompetenz und Autonomie als Vermittler der Beziehung zwischen Freundlichkeit und Wohlbefinden je nach Kultur unterschiedlich funktionieren könnte.

Unsere Studie ist ein Beitrag zur kulturübergreifenden Literatur über die positiven Auswirkungen von prosozialem Verhalten und deutet darauf hin, dass selbst kleine Handlungen der Freundlichkeit, wie z. B. ein offenes Ohr für die Sorgen anderer, glücksfördernde Auswirkungen haben können.

Danksagung

Eine maschinell erstellte Zusammenfassung, basierend auf der Arbeit von Gherghel, Claudia; Nastas, Dorin; Hashimoto, Takeshi; Takai, Jiro
2019 in Current Psychology

Elterliche Autonomie-Unterstützung, intrinsische Lebensziele und Wohlbefinden bei Jugendlichen in China und Nordamerika

DOI: https://doi.org/10.1007/s10964-009-9451-7

Kurzfassung – Zusammenfassung

Über alle Gesellschaften hinweg wurde autonomiefördernde Erziehung mit der Befürwortung von intrinsischen Lebenszielen in Verbindung gebracht, was wiederum mit Wohlbefinden verbunden war.

Intrinsische Lebensziele vermittelten teilweise die Beziehung zwischen elterlicher Autonomie-Unterstützung und Wohlbefinden.

Diese Ergebnisse deuten darauf hin, dass die Priorisierung intrinsischer Lebensziele kulturübergreifend mit einem gesteigerten Wohlbefinden bei Jugendlichen zusammenhängt und dass Eltern intrinsische Lebensziele fördern könnten, indem sie die Autonomie ihrer Kinder unterstützen.

Einführung

Ziel der vorliegenden Untersuchung war es, die Beziehung zwischen Lebenszielen und Wohlbefinden von Jugendlichen sowie die Rolle der elterlichen Autonomie-Unterstützung bei der Entwicklung intrinsischer und extrinsischer Lebensziele in einer großen nordamerikanischen und chinesischen Stichprobe zu untersuchen.

Amerikanische High-School-Schüler, die ihr elterliches Umfeld als weniger autonomiefördernd einschätzen, verfolgen mit geringerer Wahrscheinlichkeit intrinsische Lebensziele, wie bedeutungsvolle Beziehungen und persönliches Wachstum, im Vergleich zu extrinsischen Lebenszielen wie finanzieller Erfolg, Ruhm und Attraktivität (Williams und andere 9).

In nordamerikanischen Stichproben wird eine stärker autonomiefördernde und weniger kontrollierende Erziehung mit dem Streben der Jugendlichen nach intrinsischen und nicht nach extrinsischen Lebenszielen in Verbindung gebracht, doch haben die Forscher nicht untersucht, ob diese Beziehung auch in anderen Gesellschaften, wie z. B. in China, besteht.

Hypothesen

Wir erwarten, dass wir frühere Ergebnisse, die einen Zusammenhang zwischen den Arten von Lebenszielen und dem Wohlbefinden hergestellt haben, wiederholen und auf eine kulturübergreifende Stichprobe von Jugendlichen ausweiten können.

Studien in den USA haben gezeigt, dass die elterliche Autonomie-Unterstützung mit den Arten von Lebenszielen zusammenhängt, die Jugendliche entwickeln, und Studien in China haben auf einige positive Ergebnisse hingewiesen, die sich aus der Autonomie-Unterstützung durch die Eltern ergeben.

Wir gehen davon aus, dass Erziehungspraktiken, die die Autonomie des Kindes unterstützen, sowohl in China als auch in Nordamerika mit einer stärkeren Befürwortung von intrinsischen Lebenszielen und einer geringeren Betonung von extrinsischen Lebenszielen zusammenhängen.

Wir gehen daher davon aus, dass das Muster der Beziehungen zwischen elterlicher Autonomie-Unterstützung, Lebenszielen und Wohlbefinden in Nordamerika und China ähnlich ist.

Methode

In Kanada wurden Schüler von zwei französischsprachigen privaten Gymnasien in Montreal, Quebec, für die Teilnahme an der Studie rekrutiert.

Alle nordamerikanischen Teilnehmer wurden gebeten, anzugeben, welche Sprache sie zu Hause sprechen.

Für die Datenerhebung in China übersetzte ein zweisprachiger Masterstudent in Montreal die englischen Originalfragebögen ins Mandarin, und der chinesische Studienmitarbeiter verifizierte die Übersetzung.

Die internen Reliabilitäten für die Messung der elterlichen Autonomie-Unterstützung waren in den nordamerikanischen Stichproben mit α-Werten > 0,85 recht hoch, in der chinesischen Stichprobe jedoch nur mäßig ($\alpha = 0,60$).

Eine Untersuchung der Item-Gesamtskalen-Korrelationen in der chinesischen Stichprobe ergab zwei Items, die unerwartet signifikant negativ geladen waren: „Meine Eltern versuchen, mir vorzuschreiben, wie ich mein Leben zu führen habe (umgekehrt)" und „Meine Eltern helfen mir, meine eigene Richtung zu wählen".

Akzeptable interne Reliabilitäten von $\alpha > 0,75$ wurden in den nordamerikanischen und chinesischen Stichproben für die Messungen des Selbstkonzepts, des positiven und des negativen Affekts erzielt.

Ergebnisse

Sowohl in der nordamerikanischen als auch in der chinesischen Stichprobe stand die elterliche Autonomie-Unterstützung in einem positiven Zusammenhang mit intrinsischen Lebenszielen, die wiederum positiv mit dem Wohlbefinden verbunden waren.

In der nordamerikanischen Stichprobe stand die Autonomie-Unterstützung in einem negativen Zusammenhang mit extrinsischen Lebenszielen, die in keinem Zusammenhang mit dem Wohlbefinden standen, wohingegen in der chinesischen Stichprobe die Autonomie-Unterstützung in keinem Zusammenhang mit extrinsischen Lebenszielen stand und nicht signifikant mit dem Wohlbefinden verbunden war.

Das Modell, bei dem die elterliche Autonomie-Unterstützung mit intrinsischen Lebenszielen verknüpft ist, die wiederum mit dem Wohlbefinden zusammenhängen, scheint sowohl in der nordamerikanischen als auch in der chinesischen Stichprobe zu stimmen.

Sobel-Tests und verzerrungskorrigierte Bootstrap-Schätzungen deuteten darauf hin, dass sowohl in der nordamerikanischen ($z = 2,50$, $p < 0,05$, [0,033; 0,159]) als auch in der chinesischen Stichprobe ($z = 2,00$, $p < 0,05$, [0,026; 0,102]) ein signifikanter indirekter Effekt von Autonomie-Unterstützung auf das Wohlbefinden vorlag, was auf eine teilweise Vermittlung von intrinsischen Lebenszielen zwischen Autonomie-Unterstützung und Wohlbefinden schließen lässt.

Diskussion

Forscher in diesem Bereich haben in erster Linie erwachsene Bevölkerungsgruppen untersucht, und Studien, die den Einfluss der elterlichen Autonomie-Unterstützung darauf untersuchen, ob junge Menschen intrinsischen oder extrinsischen Lebenszielen Vorrang einräumen, wurden hauptsächlich in den Vereinigten Staaten durchgeführt.

Wie vermutet, stand die elterliche Autonomie-Unterstützung sowohl in China als auch in Nordamerika in einem positiven Zusammenhang mit der Befürwortung von intrinsischen Lebenszielen.

Dies stützt die Ergebnisse früherer Forscher, wonach ein autonomieunterstützendes elterliches Umfeld damit zusammenhängt, dass amerikanische Jugendliche stärkere intrinsische als extrinsische Lebensziele haben (Williams u. a. 9), und erweitert deren Ergebnisse auf eine kulturübergreifende Stichprobe.

Obwohl wir in China und Nordamerika ähnliche Beziehungen gefunden haben, könnte es sein, dass bei einer Längsschnittuntersuchung der Zusammenhang zwischen elterlicher Autonomie-Unterstützung und intrinsischen Lebenszielen bei nordamerikanischen Jugendlichen stärker ist als bei chinesischen Jugendlichen.

Trotz dieser gesellschaftlichen Unterschiede fanden wir in Nordamerika und China ein ähnliches Muster von Beziehungen zwischen elterlicher Autonomie-Unterstützung und intrinsischen Lebenszielen sowie zwischen intrinsischen Lebenszielen und Wohlbefinden.

Schlussfolgerung

Anhand einer großen Stichprobe von Jugendlichen in drei Ländern wurde in der vorliegenden Studie untersucht, wie ein Erziehungsstil, die Autonomie-Unterstützung, mit Lebenszielen zusammenhängt und wie Lebensziele wiederum mit dem Wohlbefinden zusammenhängen.

Wenn junge Menschen ihre Eltern eher als autonomiefördernd wahrnehmen, verfolgen sie in höherem Maße intrinsische Lebensziele, und wenn sie mehr intrinsische Lebensziele verfolgen, fühlen sie sich tendenziell wohler.

Diese Ergebnisse stützen die These der Selbstbestimmungstheorie, dass die Priorisierung intrinsischer Lebensziele in verschiedenen Gesellschaften von Vorteil ist und dass autonomieunterstützende Eltern die Entwicklung intrinsischer Lebensziele fördern.

Diese Ergebnisse legen den Grundstein für künftige longitudinale und experimentelle Studien über die Entwicklung von Lebenszielen in verschiedenen Gesellschaften und haben wichtige Auswirkungen auf die Unterstützung von Jugendlichen bei der Auswahl intrinsischer Ziele, die ihr Leben bestimmen und ihr Wohlbefinden fördern.

Danksagung

Eine maschinell erstellte Zusammenfassung, basierend auf der Arbeit von Lekes, Natasha; Gingras, Isabelle; Philippe, Frederick L.; Koestner, Richard; Fang, Jianqun 2009 in Journal of Youth and Adolescence

Elternschaft und das Wohlbefinden von Jugendlichen in Griechenland, Norwegen, Polen und der Schweiz: Zusammenhang mit der Lösung von den Eltern

DOI: https://doi.org/10.1007/s10826-018-1283-1

Kurzfassung – Zusammenfassung

Es gibt nur wenige kulturübergreifende Studien, die sich mit der Individuation und den Eltern-Kind-Beziehungen in der späten Adoleszenz im europäischen Kontext befassen.

Diese Studie untersuchte die Beziehungen zwischen mütterlicher und väterlicher Reaktionsfähigkeit, Anspruchsdenken und Autonomiegewährung und dem subjektiven Wohlbefinden von Jugendlichen in Griechenland, Norwegen, Polen und der Schweiz.

Die Ergebnisse zeigten, dass in allen vier Ländern mütterliche und väterliche Autonomiegewährung und Reaktionsfähigkeit positiv mit dem Wohlbefinden der Jugendlichen verbunden waren.

Darüber hinaus ergab die Studie, dass die psychologische und funktionale Verbundenheit mit den Müttern und die finanzielle Verbundenheit mit den Vätern die Zusammenhänge zwischen dem Erziehungsverhalten der Eltern und dem Wohlbefinden der Heranwachsenden teilweise erklären.

Die Ergebnisse deuten darauf hin, dass es in Europa mehr Gemeinsamkeiten als Unterschiede bei den Zusammenhängen zwischen der elterlichen Erziehung und den Ergebnissen der späten Adoleszenz gibt.

Die Studie weist darauf hin, dass mütterliche und väterliche Erziehung in der späten Adoleszenz eine unterschiedliche Rolle spielen können.

Methode

Es handelt sich um ein 15 Items umfassendes Maß, mit dem Folgendes bewertet wird: Ansprechbarkeit (5 Items), definiert als das Ausmaß an positiver Zuneigung, Unterstützung und emotionaler Sensibilität in der Eltern-Kind-Beziehung (z. B. Ich kann mich darauf verlassen, dass meine Mutter mir hilft, wenn ich ein Problem habe); Anspruchshaltung (5 Items), definiert als das Ausmaß an Strenge und Verhaltensnormen, die Eltern gegenüber ihren Kindern zum Ausdruck bringen (z. B. Wenn ich mich nicht benehme, wird meine Mutter/mein Vater mich bestrafen); Autonomiegewährung (5 Items), definiert als das Ausmaß, in dem Eltern ihren Kindern erlauben und sie ermutigen, ihre eigenen Ideen und Überzeugungen zu entwickeln (z. B. Mein Vater/meine Mutter glaubt nicht, dass ich ein Recht auf meine eigene Meinung habe).

Die Befragten wurden gebeten, jedes Item auf einer 5-Punkte-Likert-Skala von 1 = stimme überhaupt nicht zu bis 5 = stimme voll und ganz zu zu bewerten. Die Autoren berichteten über eine gute Zuverlässigkeit ($\alpha > 0{,}80$) und Validität der Messung (Diener und andere 27).

Ergebnisse

Was die Väter betrifft, so war die Gewährung väterlicher Autonomie in allen vier Ländern signifikant und positiv mit dem Wohlbefinden der Jugendlichen korreliert.

Sowohl die psychologische als auch die funktionale Verbundenheit stand in signifikantem und negativem Zusammenhang mit dem Wohlbefinden der Heranwachsenden.

In Griechenland stand die Gewährung von Autonomie durch die Väter in signifikantem und negativem Zusammenhang mit der psychologischen und funktionalen Verbundenheit.

Was die Beziehungen zwischen der Verbundenheit mit den Vätern und dem Wohlbefinden der Jugendlichen anbelangt, so war die finanzielle Verbundenheit mit den Vätern in jedem Land signifikant und positiv mit dem Wohlbefinden der Jugendlichen verbunden.

Es wurde kein signifikanter Zusammenhang zwischen der psychologischen oder funktionalen Verbundenheit mit den Vätern und dem Wohlbefinden der Jugendlichen festgestellt.

Die Gewährung mütterlicher Autonomie hatte einen positiven indirekten Einfluss auf das Wohlbefinden der Jugendlichen, indem sie die psychologische Verbundenheit schwächte.

Was die väterliche Erziehung betrifft, so ergab die Analyse, dass in jedem Land die väterliche Reaktionsfähigkeit in einem positiven indirekten Zusammenhang mit dem Wohlbefinden der Jugendlichen steht, und zwar durch die Stärkung der finanziellen Unterstützung durch die Väter.

Diskussion

Die Analyse zeigte, dass die mütterliche Erziehung, die sich durch ein hohes Maß an Verantwortungsbewusstsein und Autonomiegewährung auszeichnet, sowie die väterliche Erziehung, die sich durch eine hohe Autonomie-Unterstützung auszeichnet, das Wohlbefinden von Jugendlichen im fortgeschrittenen Alter durchgängig fördern.

Die Studie zeigt, dass die elterliche Reaktionsfähigkeit und die Gewährung von Autonomie auch in der späten Adoleszenz noch eine wichtige Rolle spielen, was mit der Literatur übereinstimmt (z. B. Inguglia u. a. 28; Kocayörük u. a. 29).

In Bezug auf die beiden Aspekte der elterlichen Kontrolle (Gewährung von Autonomie und Anspruchshaltung) stimmten die Ergebnisse mit H2 und mit der vorhandenen Literatur (z. B. Fousiani u. a. 30; Inguglia u. a. 28; Kocayörük u. a. 29) in dem Sinne überein, dass eine hohe Gewährung von Autonomie und eine geringe Anspruchshaltung die Individuation in der späten Adoleszenz unterstützen.

Die Ergebnisse zeigten, dass in Norwegen, der Schweiz und in Polen die väterliche Ansprechbarkeit signifikant mit der funktionalen und psychologischen Verbundenheit der späten Jugendlichen mit ihrem Vater verbunden war, während es in Griechenland die väterliche Autonomie war, die gewährt wurde.

Danksagung

Eine maschinell erstellte Zusammenfassung, basierend auf der Arbeit von Filus, Ania; Schwarz, Beate; Mylonas, Kostas; Sam, David L.; Boski, Pawel
2018 in Journal of Child and Family Studies

Die glücklichsten Kinder der Welt. Geschlechtergleichstellung und Lebenszufriedenheit von Jugendlichen in Europa und Nordamerika

DOI: https://doi.org/10.1007/s10964-017-0756-7

Kurzfassung – Zusammenfassung

In dieser Studie wird untersucht, ob die gesellschaftliche Gleichstellung der Geschlechter die beobachtete länderübergreifende Variabilität der Lebenszufriedenheit von Jugendlichen erklären kann.

Ausgehend von der Annahme, dass die Gleichstellung der Geschlechter ein unterstützendes soziales Umfeld fördert, z. B. innerhalb der Familien durch eine gleichmäßigere Beteiligung von Vätern und Müttern an der Kinderbetreuung, wurde erwartet, dass die Lebenszufriedenheit von Jugendlichen in Ländern mit größerer Geschlechtergleichheit höher ist.

Die Ergebnisse linearer mehrstufiger Regressionsanalysen zeigen, dass Jugendliche in Ländern mit einem relativ hohen Grad an Geschlechtergleichstellung eine höhere Lebenszufriedenheit angeben als ihre Altersgenossen in Ländern mit einem niedrigeren Grad an Geschlechtergleichstellung.

Der Zusammenhang zwischen der Gleichstellung der Geschlechter und der Lebenszufriedenheit von Jugendlichen blieb auch nach der Kontrolle des nationalen Wohlstands und der Einkommensgleichheit signifikant.

Der Zusammenhang zwischen der Gleichstellung der Geschlechter und der Lebenszufriedenheit wurde durch die soziale Unterstützung im familiären, gleichaltrigen und schulischen Kontext erklärt.

Diese Analyse legt nahe, dass die Gleichstellung der Geschlechter die soziale Unterstützung unter den Mitgliedern einer Gesellschaft fördert, was wiederum zur Lebenszufriedenheit von Jugendlichen beiträgt.

Einführung

Ausgehend von der Annahme, dass die Gleichstellung der Geschlechter in der Gesellschaft sozial förderlichere Beziehungen begünstigt, beispielsweise im familiären Kontext durch eine gleichmäßigere Beteiligung von Vätern und Müttern an der Kindererziehung, erwarten wir, dass die Lebenszufriedenheit von Jugendlichen in Ländern mit größerer Geschlechtergleichheit höher ist.

Empirische Untersuchungen scheinen zu bestätigen, dass Länder mit einem relativ hohen Grad an Gleichstellung der Geschlechter in der Tat dazu neigen, ein günstigeres soziales Klima zu schaffen.

Ausgehend von der Annahme, dass die gesellschaftliche Gleichstellung der Geschlechter ein sozial unterstützendes Umfeld fördert, kann die Hypothese formuliert werden, dass die gesellschaftliche Gleichstellung der Geschlechter die Gesundheit und das Wohlbefinden von Jugendlichen durch ein höheres Maß an sozialer Unterstützung in den drei wichtigsten sozialen Kontexten des Lebens von Jugendlichen beeinflusst: in der Familie, unter Gleichaltrigen und im schulischen Kontext.

Da soziale Unterstützung einer der stärksten Prädiktoren für die Lebenszufriedenheit von Jugendlichen ist (z. B. Diener und Diener McGavran 10; Proctor u. a. 11; Viner u. a. 12), lässt sich die Hypothese aufstellen, dass soziale Unterstützung im familiären, gleichaltrigen und schulischen Kontext den positiven Zusammenhang zwischen gesellschaftlicher Gleichstellung und Lebenszufriedenheit von Jugendlichen erklärt.

Aktuelle Studie

Ausgehend von der Annahme, dass ein hohes Maß an gesellschaftlicher Gleichstellung der Geschlechter ein sozial förderliches Klima für alle begünstigt, wird in der vorliegenden Studie untersucht, ob Jugendliche, die in Ländern mit größerer Gleichstellung der Geschlechter leben, eine höhere Lebenszufriedenheit haben als Gleichaltrige in Ländern mit geringerer Gleichstellung.

Anhand eines großen, länderübergreifenden Datensatzes, der 34 europäische und nordamerikanische Länder umfasst, haben wir die folgenden Forschungsfragen untersucht: (1) Steht die gesellschaftliche Gleichstellung der Geschlechter in Zusammenhang mit der Lebenszufriedenheit von Jugendlichen?; (2) Wird dieser Zusammenhang durch die soziale Unterstützung im familiären und schulischen Kontext sowie unter Gleichaltrigen erklärt?; (3) Ist dieser Zusammenhang bei Jungen und Mädchen gleich stark ausgeprägt?.

Wir gehen davon aus, dass die Gleichstellung der Geschlechter die länderübergreifenden Unterschiede in der Lebenszufriedenheit Jugendlicher in Europa und Nordamerika (teilweise) erklären kann, abgesehen von wirtschaftlichen Faktoren.

In Übereinstimmung mit empirischen Befunden zu erwachsenen Stichproben in Europa und Nordamerika (z. B. Holter 13) und auf der Grundlage von Belegen, die zeigen, dass sowohl Männer als auch Frauen von einem stärker sozial unterstützenden Klima profitieren (z. B. Chu u. a. 14; Diener und Diener McGavran 10; Viner u. a. 12), erwarten wir, dass die Lebenszufriedenheit von heranwachsenden Jungen und Mädchen in Ländern mit einem höheren Maß an gesellschaftlicher Geschlechtergleichheit höher ist.

Methoden

Wir haben Umfragedaten verwendet, die im Rahmen des Zyklus 2009/2010 der Studie zum Gesundheitsverhalten von Kindern im Schulalter (HBSC) erhoben wurden (Currie und andere 15).

Jedes teilnehmende Land erhielt die Genehmigung zur Durchführung der Umfrage von der Ethikkommission oder einer gleichwertigen Aufsichtsbehörde der jeweiligen Institution/des jeweiligen Landes.

Die Rücklaufquote der Schulen war von Land zu Land unterschiedlich, lag aber in den meisten Ländern bei über 70 %.

Auf der Ebene der Schüler und Studenten reichten die Antwortquoten von 44 bis 92 %, lagen aber in fast allen Ländern über 70 %.

Maßnahmen

Untersuchungen zeigen, dass Jugendliche, die mit beiden biologischen Elternteilen zusammenleben, eine höhere Lebenszufriedenheit haben als Jugendliche, die in anderen Familienstrukturen leben (Bjarnason u. a. 16).

Wir haben direkte Zusammenhänge zwischen der Lebenszufriedenheit und den in dieser Studie berücksichtigten individuellen und nationalen Merkmalen modelliert.

In Modell D fügten wir das Pro-Kopf-BNE und den Gini-Index hinzu, um herauszufinden, ob der Zusammenhang zwischen der GEM und der Lebenszufriedenheit auf die Vermögens- und Einkommensungleichheit zurückgeführt werden kann.

In Modell E haben wir die Einfachheit der Kommunikation, das Gefallen an der Schule und die Unterstützung durch Mitschüler (auf individueller Ebene) einbezogen, um zu untersuchen, ob diese Variablen den Zusammenhang zwischen GEM und Lebenszufriedenheit erklären.

In Modell F testeten wir den hypothetischen Interaktionseffekt (GEM × Geschlecht), um festzustellen, ob der Zusammenhang zwischen Geschlechtergleichheit und Lebenszufriedenheit von Jugendlichen je nach Geschlecht variiert.

Ergebnisse

Das GEM steht in einem positiven und signifikanten Zusammenhang mit der Lebenszufriedenheit, was darauf hindeutet, dass die Lebenszufriedenheit von Jugendlichen in Ländern mit mehr Geschlechtergleichheit höher ist.

Wir testeten, ob unterstützende soziale Beziehungen im Familien-, Peer- und Schulkontext den Zusammenhang zwischen gesellschaftlicher Geschlechtergleichheit und jugendlicher Lebenszufriedenheit erklären (Modell E).

Nach Ausschluss von Armenien und der Türkei wurde der Zusammenhang zwischen dem GEM und der Lebenszufriedenheit von Jugendlichen sogar noch stärker (Modell D; $B = 0{,}916$, $SE = 0{,}394$, $p = 0{,}027$).

Dies deutet darauf hin, dass von unseren fünf Indikatoren für soziale Unterstützung der Zusammenhang zwischen Geschlechtergleichheit und Lebenszufriedenheit von Jugendlichen am besten durch ein positives Klassenumfeld und unterstützende Interaktionen zwischen Klassenkameraden erklärt wird.

Diskussion

Wir haben Daten aus 34 Ländern in Europa und Nordamerika analysiert, um den Zusammenhang zwischen gesellschaftlicher Gleichstellung der Geschlechter und Lebenszufriedenheit von Jugendlichen zu bewerten.

Die Ergebnisse unserer Studie zeigen, dass Jugendliche, die in Ländern mit relativer Geschlechtergleichheit leben, eine höhere Lebenszufriedenheit aufweisen als ihre Altersgenossen in Ländern mit geringerer Geschlechtergleichheit.

Dieser Zusammenhang gilt sowohl für Jungen als auch für Mädchen und wurde damit erklärt, dass Jugendliche, die in Ländern mit relativer Geschlechtergleichheit leben, ein höheres Maß an sozialer Unterstützung in der Peergroup sowie im familiären und schulischen Kontext wahrnehmen.

In dieser Studie werden Mechanismen untersucht, durch die sich die Gleichstellung der Geschlechter auf die Lebenszufriedenheit von Jugendlichen auswirken kann.

Unser Ergebnis, dass die gesellschaftliche Gleichstellung der Geschlechter gegenüber dem nationalen Wohlstand der wichtigere Prädiktor für die Lebenszufriedenheit Jugendlicher in Europa und Nordamerika ist, steht im Einklang mit einigen neueren empirischen Studien über erwachsene Bevölkerungsgruppen.

Schlussfolgerung

Es zeigt sich, dass Jugendliche in Ländern mit einem hohen Grad an Gleichstellung der Geschlechter eine höhere Lebenszufriedenheit empfinden als jene in Ländern mit einem niedrigen Grad an Gleichstellung der Geschlechter – unabhängig von individuellen und nationalen wirtschaftlichen Faktoren.

Während manche Menschen immer noch glauben, dass die Gleichstellung der Geschlechter eine Frauen- oder Mädchensache ist, zeigt diese Studie eindeutig, dass nicht nur Mädchen, sondern auch Jungen von einer größeren gesellschaftlichen Gleichstellung profitieren.

Der Zusammenhang zwischen der gesellschaftlichen Gleichstellung der Geschlechter und der Lebenszufriedenheit von Jugendlichen wurde durch die Wahrnehmung sozialer Unterstützung im familiären, gleichaltrigen und schulischen Kontext erklärt.

Danksagung

Eine maschinell erstellte Zusammenfassung, basierend auf der Arbeit von Looze, M. E. de; Huijts, T.; Stevens, G. W. J. M.; Torsheim, T.; Vollebergh, W. A. M.
2017 in Journal of Youth and Adolescence

Unterschiede zwischen Japan und den USA in Bezug auf Mitgefühl, Wohlbefinden und soziale Ängste

DOI: https://doi.org/10.1007/s12671-018-1045-6

Kurzfassung – Zusammenfassung

Wir stellten die Hypothese auf, dass Selbstmitleid in den USA einen stärkeren positiven Affekt und eine größere Lebenszufriedenheit sowie einen geringeren negativen Affekt und weniger soziale Ängste als in Japan fördern würde.

Anhand einer webbasierten Umfrage unter japanischen und amerikanischen Erwachsenen fanden wir heraus, dass Selbstmitleid in beiden Ländern mit positivem und negativem Affekt, sozialen Angststörungen und TKS-Symptomen sowie mit dem Wohlbefinden zusammenhing.

In beiden Kulturen wurde festgestellt, dass Mitgefühl für andere mit einer Zunahme des positiven Affekts und einer Abnahme der TKS-Symptome verbunden ist.

Einfache Neigungstests ergaben, dass Selbstmitleid bei Erwachsenen in den USA stärker mit positivem Affekt verbunden war als bei ihren japanischen Kollegen, während Mitgefühl für andere nur in Japan mit interdependenter Zufriedenheit zusammenhing.

Methode

Die Teilnehmer bewerteten jedes Item auf einer 5-Punkte-Skala (1 = fast nie bis 5 = fast immer), und der Gesamtwert für das Selbstmitleid wurde durch Umkehrung der Werte der negativen Unterskalen (Selbstverurteilung, Isolation und Überidentifikation) berechnet.

Die Mitgefühlssubskalen der englischen und japanischen Version des DPES (Sugawara u. a. 17) wiesen in der vorliegenden Stichprobe eine gute Zuverlässigkeit auf (Cronbachs $\alpha = 0{,}93$ für Amerikaner, $\alpha = 0{,}83$ für Japaner).

Die Skalen zeigten in der vorliegenden Stichprobe eine gute Zuverlässigkeit (Cronbachs $\alpha = 0{,}96$ für Amerikaner, $\alpha = 0{,}94$ für Japaner).

Positiver und negativer Affekt wurden mit dem Positive and Negative Affect Schedule (PANAS: Watson u. a. 18) erfasst, einem 20 Punkte umfassenden Fragebogen, der auf einer 5-Punkte-Skala (1 = sehr gering oder gar nicht bis 5 = extrem) bewertet wird.

Ergebnisse

In Übereinstimmung mit unserer Hypothese 1a war der Interaktionsterm Land × Selbstmitleid auch für den positiven Affekt signifikant, was darauf hindeutet, dass sich die Wirkung des Selbstmitleids auf den positiven Affekt je nach Land unterscheidet.

Die einfachen Neigungstests ergaben einen signifikanten positiven Zusammenhang zwischen Selbstmitleid und positivem Affekt in beiden Ländern, aber Selbstmitleid hatte in den USA einen stärkeren Zusammenhang mit positivem Affekt (B = 0,98, SE^b = 0,09, β = 0,50, p < 0,001, sr^2 = 0,25) als in Japan (B = 0,45, SE^b = 0,14, β = 0,23, p < 0,001, sr^2 = 0,05).

Im Widerspruch zu unseren Hypothesen 1b, 1c und 1d gab es keinen Zusammenhang zwischen einem signifikanten Land und Selbstmitleid bei negativem Affekt, sozialer Angst und Lebenszufriedenheit.

Wir führten einen einfachen Neigungstest durch, um den Zusammenhang zwischen Mitgefühl und negativem Affekt bei den japanischen und amerikanischen Teilnehmern zu ermitteln; es gab jedoch keinen signifikanten Unterschied in der Beziehung zwischen Mitgefühl für andere und negativem Affekt zwischen den Ländern.

Diskussion

Die erste Hypothese lautete, dass die Kultur die Beziehung zwischen Selbstmitleid und positivem Affekt, Lebenszufriedenheit, negativem Affekt und sozialer Angst moderiert.

Dieses Ergebnis stützt teilweise unsere Hypothese 1a, nämlich dass selbstbezogenes Mitgefühl in unabhängigen Kulturen mehr positive Emotionen fördert als in interdependenten Kulturen.

Es ist möglich, dass die Wirkung von Selbstmitgefühl auf den positiven Affekt abgeschwächt wird, weil Menschen in einer interdependenten Kultur dazu neigen, sich selbst zu kritisieren und bei Erfolg und Misserfolg mehr einen negativen Affekt zu empfinden.

Die Ergebnisse bestätigten frühere Erkenntnisse, die auf einen Zusammenhang zwischen Selbstmitleid, positivem und negativem Affekt, Lebenszufriedenheit und SAD-Symptomen hinwiesen (Neff 19; Neff und Vonk 20; Werner und andere 21).

Im Gegensatz zu unseren Hypothesen 1b, 1c und 1d fanden wir hier keine Hinweise auf eine kulturelle Moderation der Zusammenhänge zwischen Selbstmitleid, Lebenszufriedenheit, negativem Affekt und SAD.

Stärken und Beschränkungen

Da sich die meisten bisherigen Studien auf Selbstmitleid und selbstbezogenes Wohlbefinden konzentriert haben, unterstreicht unsere Studie, wie wichtig es ist, die Auswirkungen des Mitgefühls für andere auf das kulturelle Glück in der künftigen Forschung weiter zu untersuchen.

Der offensichtliche Vorteil, die Studie mit Amerikanern und Japanern durchzuführen, besteht darin, dass die von uns vorgestellten früheren Erkenntnisse überwiegend in den USA gewonnen wurden und dass Stichproben bei Personen aus anderen Kulturen völlig andere Ergebnisse liefern können – wie z. B. unsere Erkenntnisse über das Fehlen eines

Zusammenhangs zwischen Selbstmitleid und positivem Affekt oder über den positiven Zusammenhang zwischen Mitgefühl für andere und interdependentem Glück.

Jüngste Studien haben darauf hingewiesen, dass herkömmliche subjektive Messungen von Konstrukten auf individueller Ebene (d. h. die Selbsteinschätzung der Teilnehmer) die tatsächliche Wirkung der Kultur auf Länderebene beeinträchtigen könnten (Na u. a. 22); daher stellt unsere theoretische Wahl dieser beiden kulturellen Gruppen den ersten Schritt zur Untersuchung des Wertes von zwei Arten von Mitgefühl für die psychische Gesundheit dar.

Danksagung

Eine maschinell erstellte Zusammenfassung, basierend auf der Arbeit von Arimitsu, Kohki; Hitokoto, Hidefumi; Kind, Shelley; Hofmann, Stefan G.
2018 in Mindfulness

Prädiktoren für die Abneigung gegen Glück: Neue Einsichten aus einer multinationalen Studie

DOI: https://doi.org/10.1007/s11031-022-09954-1

Kurzfassung – Zusammenfassung

Die Skala zur Angst vor dem Glück wurde zur Messung der Abneigung gegen das Glück in einer multinationalen Stichprobe von Erwachsenen aus mehreren Ländern (N = 871) verwendet.

Die Studie untersuchte auch 9 potenzielle Prädiktoren für die Abneigung gegen das Glück: Geschlecht, Alter, Religiosität, Glaube an kollektives Glück, Perfektionismus, Glaube an Karma, Glaube an schwarze Magie, Einsamkeit und Wahrnehmung einer unglücklichen Kindheit.

Die Prädiktoren erklärten etwa 28 % der Varianz in der Abneigung gegen Glück.

Diese Studie liefert neue Belege für die kulturübergreifende Messinvarianz der Skala Angst vor Glück in Erwachsenenstichproben und wirft ein neues Licht auf das nomologische Netzwerk der Abneigung gegen Glück.

Einführung

Die vorliegende Studie konzentriert sich auf eine Gefühlsüberzeugung namens Aversion gegen das Glück (ATH; auch bekannt als Angst vor dem Glück), die als Überzeugung definiert ist, dass das Erleben oder Ausdrücken von Glück negative Folgen haben kann (Joshanloo, 23).

Nach der Feststellung akzeptabler psychometrischer Eigenschaften und der Messinvarianz der Skala können die Mittelwerte der ATH zwischen den Ländern verglichen werden, was das zweite Ziel dieser Studie war.

Alter, Geschlecht und Religiosität wurden als Kontrollvariablen in die Analyse einbezogen, aber angesichts der vorherigen Ergebnisse wurde nicht erwartet, dass sie viel zur Vorhersage von ATH beitragen würden.

Eine frühere Studie hat gezeigt, dass ATH in eher kollektivistischen und hierarchischen Ländern häufiger vorkommt (Joshanloo und andere, 24).

Um die Möglichkeit zu prüfen, dass Menschen, die paranormale Überzeugungen vertreten, mit größerer Wahrscheinlichkeit auch ATH-Überzeugungen haben, wurde in dieser Studie der Glaube der Teilnehmer an Karma und schwarze Magie gemessen.

Methoden

Im ersten Modell wurde eine konfirmatorische Mehrfachgruppen-Faktorenanalyse des Messmodells der ATH getestet.

Wenn dieses Modell gut zu den Daten passt, wird die Konfigurationsinvarianz unterstützt, was bedeutet, dass das Konzept der ATH in allen Ländern mit den gleichen Items gemessen werden kann.

Wenn die Anpassung des zweiten Modells nicht signifikant schlechter ist als die des ersten Modells, wird die metrische Invarianz unterstützt, was bedeutet, dass die Faktorladungen in allen Gruppen ähnlich sind.

Wenn die Passung dieses Modells nicht signifikant schlechter ist als die des metrischen Modells, wird die skalare Invarianz unterstützt, was darauf hindeutet, dass die Itemabschnitte zwischen den Ländern vergleichbar sind.

Bei der Modellanpassung von verschachtelten Messmodellen wurden eine Veränderung von 0,010 im CFI und eine Veränderung von 0,015 im RMSEA als Indikatoren für eine signifikante Verschlechterung der Modellanpassung aufgrund von Gleichheitsrestriktionen verwendet (Chen, 25; Cheung & Rensvold, 26).

Ergebnisse

Die Ergebnisse einer ANOVA zeigten, dass das Land 6 % der Varianz in ATH erklärte $F(4, 800) = 12,727$, $p < 0,001$, $\eta^2 = 0,060$.

Religiosität erklärte etwa 1,5 % der Varianz in ATH $F(2, 868) = 6,429$, $p = 0,002$, $\eta^2 = 0,015$.

Games-Howell-Post-hoc-Vergleiche zeigten, dass der einzige signifikante Unterschied zwischen den Kategorien „nicht religiös" und „weiß nicht" bestand ($p = 0,002$).

Spiele-Howell-Post-hoc-Vergleiche zeigten, dass sich die Kategorie „glücklich" signifikant von allen anderen Kategorien unterschied ($p < 0,1$).

Religiosität war ein signifikanter und starker Prädiktor für den Glauben an schwarze Magie F(2, 868) = 33,805, p < 0,001, η^2 = 0,072.

Religiosität war ein signifikanter, wenn auch schwacher Prädiktor für den Glauben an Karma F(2, 868) = 5,293, p = 0,005, η^2 = 0,012.

Diskussion

Eine teilweise Messinvarianz wurde für die Skala Angst vor Glück in fünf Ländern nachgewiesen.

Einige der Prädiktoren der vorliegenden Studie wurden bereits in früheren Studien über ATH berücksichtigt, z. B. Alter, Geschlecht, Religiosität und unglückliche Kindheit.

Die Studie umfasste auch eine Reihe potenzieller Prädiktoren für ATH, die in früheren Untersuchungen noch nie untersucht wurden: Perfektionismus, Einsamkeit, Glaube an kollektives Glück, Glaube an Karma und Glaube an schwarze Magie.

Perfektionismus war ein positiver Prädiktor für ATH, was darauf hindeutet, dass die Tendenz von Perfektionisten, sich auf das Erreichen von mehr zu konzentrieren und Misserfolge zu vermeiden, sie dazu verleiten könnte, das Erleben von Glücksgefühlen herunterzuregulieren.

ATH wurde auch mit dem Glauben an Karma und schwarze Magie in Verbindung gebracht, was darauf hindeutet, dass zumindest einige glücksscheue Menschen glauben, dass die Schäden des Glücks von übernatürlichen Kräften verursacht werden.

Schlussfolgerungen

Junge einsame Personen mit perfektionistischen Tendenzen, die an kollektives Glück und paranormale Vorstellungen glauben und ihre Kindheit als unglücklich empfinden, sind mit größerer Wahrscheinlichkeit von ATH-Überzeugungen überzeugt.

Die Variablen erklärten zusammen mehr als ein Viertel der Varianz in ATH.

Die Studie wiederholte einige der früheren Ergebnisse und lieferte darüber hinaus neue Erkenntnisse in Bezug auf Perfektionismus sowie paranormale und kollektive Glücksvorstellungen.

Danksagung

Eine maschinell erstellte Zusammenfassung auf der Grundlage der Arbeit von Joshanloo, Mohsen

2022 in Motivation and Emotion

Glaube an ein Nullsummenspiel und subjektives Wohlbefinden in 35 Ländern

DOI: https://doi.org/10.1007/s12144-019-00291-0

Kurzfassung – Zusammenfassung

Dieser Artikel enthält einen kurzen Forschungsbericht über die Beziehung zwischen wahrgenommenem Antagonismus in sozialen Beziehungen, gemessen mit der Skala Belief in a Zero-Sum Game (BZSG), Lebenszufriedenheit sowie positivem und negativem Affekt.

Personen, die glauben, dass das Leben ein Nullsummenspiel ist, empfinden ihre täglichen Interaktionen mit anderen wahrscheinlich als unfair. Wir erwarteten, dass Personen mit hohem BZSG mehr negativen und weniger positiven Affekt erleben, was zu einer geringeren Lebenszufriedenheit führt.

Die mehrstufige Modellierung ergab, dass der wahrgenommene soziale Antagonismus in sozialen Beziehungen negativ mit der Lebenszufriedenheit verbunden ist und dass diese Beziehung sowohl durch einen positiven als auch durch einen negativen Affekt auf der individuellen Ebene vermittelt wird.

Der Zusammenhang zwischen individuellem BZSG und negativem Affekt auf die Lebenszufriedenheit war in Gesellschaften mit höherem BZSG auf Länderebene schwächer, was darauf hindeutet, dass die Auswirkungen von BZSG in diesen Ländern möglicherweise weniger nachteilig sind.

Einführung

BZSG wird definiert als „allgemeine Überzeugung über den antagonistischen Charakter sozialer Beziehungen, die von den Menschen in einer Gesellschaft oder Kultur geteilt wird und auf der impliziten Annahme beruht, dass es in der Welt eine endliche Menge an Gütern gibt und der Gewinn einer Person andere zu Verlierern macht" (Różycka-Tran u. a. 31, S. 526).

Es wurden mehrere experimentelle und korrelative Studien mit verschiedenen Stichproben durchgeführt, die zeigen, dass BZSG mit einer Vielzahl von Urteils- und Verhaltensvariablen korreliert, sowohl auf individueller Ebene als auch auf Länderebene (Różycka-Tran und andere 31; siehe für eine Übersicht).

Wir glauben, dass in Gesellschaften mit einem hohen BZSG-Niveau antagonistische Interaktionsmuster es dem Einzelnen ermöglichen, die von ihm angestrebten befriedigenden Lebensergebnisse zu erzielen und zu genießen (und dass das damit verbundene emotionale Unbehagen als unvermeidbare und akzeptable Notwendigkeit angesehen werden kann).

Ausgehend von diesen Erwartungen wollten wir den Zusammenhang zwischen BZSG auf individueller und sozialer Ebene und SWB untersuchen (SWB = subjektives Wohlbefinden, d. h. die eigene Wahrnehmung des eigenen Glücks und der Zufriedenheit mit den Lebenserfahrungen).

Hypothesen

Wir wollten herausfinden, ob es Belege für die Erwartung gibt, dass Personen mit höheren BZSG-Werten in ihren täglichen Interaktionen mit anderen weniger befriedigende Erfahrungen machen, was ihr geringeres SWL erklären könnte (SWL = Zufriedenheit mit dem Leben, d.h. die kognitive Bewertung des eigenen Lebens. SWL kann als globale Bewertung des Lebens als Ganzes oder als spezifische Bewertung verschiedener Aspekte des Lebens gemessen werden).

Wir erwarteten, dass ein höheres BZSG-Niveau mit mehr NA und weniger PA auf täglicher Basis verbunden sein würde und dass diese affektiven Erfahrungen den negativen Zusammenhang zwischen BZSG und Lebenszufriedenheit vermitteln würden (Hypothese 1).

Wir erwarteten, dass es einen Wechselwirkungseffekt zwischen BZSG auf Länderebene und BZSG auf individueller Ebene auf SWL gibt (Hypothese 2a).

Wir erwarteten, dass es zu Wechselwirkungen zwischen BZSG auf Länderebene und NA auf individueller Ebene bei SWL kommt (Hypothese 2b).

Methode

Die Daten wurden bei Studierenden (N = 7146; 38,8 % Männer) in 35 Ländern im Rahmen eines umfassenden Forschungsprojekts erhoben, das auch andere Messgrößen des subjektiven Wohlbefindens umfasste: Index des persönlichen Wohlbefindens, Skala der Lebenszufriedenheit, Schema des positiven und negativen Affekts und zwei Skalen zur Messung von Anspruchshaltungen (siehe: Różycka-Tran und andere 32; Żemojtel-Piotrowska und andere 33).

Die SWLS (Diener u. a. 27) ist eine fünfstufige Skala zur Erfassung globaler kognitiver Beurteilungen der Lebenszufriedenheit.

Die Antworten auf die Items (z. B. „In den meisten Punkten entspricht mein Leben meinem Ideal"; „Bisher habe ich die wichtigen Dinge, die ich mir im Leben wünsche") wurden auf einer fünfstufigen Skala (von 1 = stimme überhaupt nicht zu bis 5 = stimme voll und ganz zu) gegeben.

Wir baten die Teilnehmer, anzugeben, inwieweit die einzelnen Punkte ihren gewöhnlichen Gefühlen entsprachen, und zwar auf einer Skala von 1 (trifft sehr wenig oder gar nicht auf mich zu) bis 5 (trifft extrem auf mich zu).

Ergebnisse

Modell (3) enthielt eine zufällige Steigung für den individuellen Prädiktor der SWLS (NA oder BZSG), um zu testen, ob diese individuellen Zusammenhänge zwischen den Ländern variieren.

Das Zufallsschnittpunktmodell (BZSG und NA zusammen, nur BZSG, nur NA) (Modell 1) lieferte eine bessere Anpassung an die Daten als das Nullmodell, was darauf hindeutet, dass ein beträchtlicher Anteil der Varianz der SWLS auf individueller Ebene durch BZSG und NA auf individueller Ebene erklärt werden kann, entweder einzeln oder in Kombination.

Die geschätzten Achsen beider Steigungen waren negativ und unterschieden sich in beiden Modellen signifikant von Null (p < 0,001), was darauf hindeutet, dass im Durchschnitt ein Anstieg der NA und des BZSG auf individueller Ebene mit einem Rückgang der SWLS in allen Ländern verbunden ist.

Die zufällige Steigungsvarianz war in Modell 3 statistisch nicht signifikant (p = 0,105), was darauf hindeutet, dass sich der Zusammenhang zwischen BZSG und NA nicht zwischen den Ländern unterscheidet.

Schlussfolgerungen

Die von uns gefundenen ebenenübergreifenden Wechselwirkungen, die die zweite Hypothese bestätigen, deuten darauf hin, dass sich die Auswirkungen von BZSG auf individueller Ebene in Gesellschaften mit unterschiedlichem BZSG-Niveau auf Länderebene verändern können.

Das Fehlen von kulturübergreifenden Unterschieden in der Assoziation von BZSG und NA deutet darauf hin, dass individuelle Unterschiede in der wahrgenommenen sozialen Feindseligkeit in Gesellschaften mit niedrigem und hohem BZSG-Niveau weitgehend mit dem gleichen Ausmaß an NA verbunden sind.

Der Zusammenhang zwischen NA und SWLS ist von Land zu Land unterschiedlich, was darauf hindeutet, dass Personen, die Beziehungen als antagonistisch wahrnehmen und in Gesellschaften mit einem hohen BZSG-Niveau leben, ihre negative Stimmung eher als normale Situation und nicht als Grund für eine geringere Zufriedenheit mit ihrem Leben bewerten könnten.

Die Ergebnisse legen nahe, dass die Einbeziehung von BZSG in groß angelegte internationale Studien über soziale Überzeugungen und Wohlbefinden für die Erklärung des Phänomens Wohlbefinden sowohl auf individueller als auch auf Länderebene von Vorteil wäre.

Danksagung

Eine maschinell erstellte Zusammenfassung, basierend auf der Arbeit von Różycka-Tran, Joanna; Piotrowski, Jarosław P.; Żemojtel-Piotrowska, Magdalena; Jurek, Paweł; Osin, Evgeny N.; Adams, Byron G.; Ardi, Rahkman; Bălţătescu, Sergiu; Bhomi, Arbinda Lal; Bogomaz, Sergey A.; Cieciuch, Jan; Clinton, Amanda; de Clunie, Gisela T.; Czarna, Anna Z.; Esteves, Carla Sofia; Gouveia, Valdiney; Halik, Murnizam H. J.; Kachatryan, Narine; Kamble, Shanmukh Vasant; Kawula, Anna; Klicperova-Baker, Martina; Kospakov, Aituar;

Letovancova, Eva; Lun, Vivian Miu-Chi; Cerrato, Sara Malo; Muehlbacher, Stephan; Nikolic, Marija; Pankratova, Alina A.; Park, Joonha; Paspalanova, Elena; Pék, Győző; de León, Pablo Pérez; Šolcová, Iva Poláčková; Shahbaz, Wahab; Ha, Truong Thi Khanh; Tiliouine, Habib; Van Hiel, Alain; Vauclair, Christin-Melanie; Wills-Herrera, Eduardo; Włodarczyk, Anna; Yahiiaiev, Illia I.; Maltby, John
   2019 in Current Psychology

Literatur

1. Schaller, M., & Cialdini, R. B. (1990). Happiness, sadness, and helping: A motivational integration. In E. T. Higgins & R. M. Sorrentino (Eds.), Handbook of motivation and cognition: Foundations of social behavior (Vol. 2, pp. 265–296). New York: Guilford Press.
2. Thayer, R. E., Newman, J. R., & McClain, T. M. (1994). Self-regulation of mood: Strategies for changing a bad mood, raising energy, and reducing tension. Journal of Personality and Social Psychology, 67, 910–925.
3. Carver, C. S., & Scheier, M. F. (2013). Goals and emotion. In M. D. Robinson, E. R. Watkins, & E. Harmon-Jones (Eds.), Guilford handbook of cognition and emotion (pp. 176–194). New York: Guilford Press.
4. Frijda, N. (1986). The emotions: Studies in emotion and social interaction. New York: Cambridge University Press.
5. Simon, H. A. (1967). Motivational and emotional controls of cognition. Psychological Review, 74, 29–39.
6. Curran, P. J., & Bauer, D. J. (2011). The disaggregation of within-person and between-person effects in longitudinal models of change. Annual Review of Psychology, 62, 583–619.
7. Tsai, J. L. (2007). Ideal affect: Cultural causes and behavioral consequences. Perspectives on Psychological Science, 2, 242–259.
8. Deci, E. L., & Ryan, R. M. (2000). The "what" and "why" of goal pursuits: Human needs and the self-determination of behavior. Psychological Inquiry, 11(4), 227–268. https://doi.org/10.1207/S15327965PLI1104_01.
9. Williams, G. C., Cox, E. M., Hedberg, V. A., & Deci, E. L. (2000). Extrinsic life goals and health-risk behaviors in adolescents. Journal of Applied Social Psychology, 30, 1756–1771.
10. Diener, M. L., & Diener McGavran, M. B. (2008). What makes people happy?: A developmental approach to the literature on family relationships and well-being. In M. Eid & R. J. Larsen (Eds.), The science of subjective well-being (pp. 347–375). New York, NY, US: Guilford Press.
11. Proctor, C. L., Linley, P. A., & Maltby, J. (2009). Youth life satisfaction: A review of the literature. Journal of Happiness Studies, 10, 583–630.
12. Viner, R. M., Ozer, E. M., Denny, S., Marmot, M., Resnick, M., Fatusi, A., & Currie, C. (2012). Adolescence and the social determinants of health. The Lancet, 379, 1641–1652.
13. Holter, Ø. G. (2014). "What's in it for men?" Old question, new data. Men and Masculinities, 17(5), 515–548.
14. Chu, P. S., Saucier, D. A., & Hafner, E. (2010). Meta-analysis of the relationships between social support and well-being in children and adolescents. Journal of Social and Clinical Psychology, 29, 624–645.
15. Currie, C. et al. (Eds.) (2012). Social determinants of health and well-being among young people: Health Behaviour in School-aged Children (HBSC) study: International report from the 2009/10 survey. Copenhagen, Denmark: WHO Regional Office for Europe.

16. Bjarnason, T., Bendtsen, P., Arnarsson, A. M., Borup, I., Iannotti, R. J., Löfstedt, P., Haapasalo, I., & Niclasen, B. (2012). Life satisfaction among children in different family structures: A comparative study of 36 Western societies. Children & Society, 26, 51–62.

17. Sugawara, D., Arimitsu, K., & Sugie, M. (2016). The Japanese version of Differential Positive Emotions Scale. Manuscript in preparation.

18. Watson, D., Clark, L. A., & Tellegen, A. (1988). Development and validation of brief measures of positive and negative affect: The PANAS scales. Journal of Personality and Social Psychology, 54(6), 1063–1070.

19. Neff, K. D. (2003). The development and validation of a scale to measure self-compassion. Self and Identity, 2, 223–250. https://doi.org/10.1080/15298860309027.

20. Neff, K. D., & Vonk, R. (2009). Self-compassion versus global self-esteem: two different ways of relating to oneself. Journal of Personality, 77, 23–50. https://doi.org/10.1111/j.1467-6494.2008.00537.x.

21. Werner, K. H., Jazaieri, H., Goldin, P. R., Ziv, M., Heimberg, R. G., & Gross, J. J. (2012). Self-compassion and social anxiety disorder. Anxiety, Stress, and Coping, 25, 543–558. https://doi.org/10.1080/10615806.2011.608842.

22. Na, J., Grossmann, I., Varnum, M. E. W., Kitayama, S., Gonzalez, R., & Nisbett, R. E. (2010). Cultural differences are not always reducible to individual differences. Proceedings of the National Academy of Sciences, 107, 6192–6197. https://doi.org/10.1073/pnas.1001911107.

23. Joshanloo, M. (2013). The influence of fear of happiness beliefs on responses to the satisfaction with life scale. Personality and Individual Differences, 54(5), 647–651. https://doi.org/10.1016/j.paid.2012.11.011.

24. Joshanloo, M., Lepshokova, Z. K., Panyusheva, T., Natalia, A., Poon, W. C., Yeung, V. W. … Jiang, D. Y. (2013). Cross-Cultural Validation of Fear of Happiness Scale Across 14 National Groups. Journal of Cross-Cultural Psychology, 45(2), 246–264. https://doi.org/10.1177/0022022113505357.

25. Chen, F. F. (2007). Sensitivity of goodness of fit indices to lack of measurement invariance. Structural Equation Modeling, 14, 464–504. https://doi.org/10.1080/10705510701301834.

26. Cheung, G. W., & Rensvold, R. B. (2002). Evaluating goodness-of-fit indexes for testing measurement invariance. Structural Equation Modeling: A Multidisciplinary Journal, 9(2), 233–255. https://doi.org/10.1207/S15328007SEM0902_5.

27. Diener, E., Emmons, R. A., Larsen, R. J., & Griffin, S. (1985). The satisfaction with life scale. Journal of Personality Assessment, 49(1), 71–75. https://doi.org/10.1207/s15327752jpa4901_13.

28. Inguglia, C., Ingoglia, S., Liga, F., Lo Coco, A. L., & Lo Cricchio, M. G. (2015). Autonomy and relatdness in adolescncence and emerging adulthood: relationsips with parental support and psychological distress.Journal of Adult Development, 22(1), 1–13.

29. Kocayörük, E., Altintas, E., & İçbay, M. A. (2015). The perceived parental support, autonomous-self and well-being of adolescents: A cluster analysis approach. Journal of Child and Family Studies, 24(6), 1819–1828.

30. Fousiani, K., van Petegem, S., Soenens, B., Vansteenkiste, M., & Chen, B. (2014). Does parental autonomy support relate to adolescent autonomy? An in-depth examination of a seemingly simple question. Journal of Adolescent Research, 29(3), 299–330.

31. Różycka-Tran, J., Boski, P., & Wojciszke, B. (2015). Belief in a zero-sum game belief as a social axiom: A 37-nation study. Journal of Cross-Cultural Psychology, 46(4), 525–548. https://doi.org/10.1177/0022022115572226.

32. Różycka-Tran, J., Jurek, P., Olech, M., Piotrowski, J., & Żemojtel-Piotrowska, M. (2017). Measurement invariance of the belief in a zero-sum game scale across 36 countries. International Journal of Psychology. https://doi.org/10.1002/ijop.12470. Epub ahead of print.

33. Żemojtel-Piotrowska, M., Piotrowski, J. P., Osin, E. N., Cieciuch, J., Adams, B. G., Ardi, R., Bălţătescu, S., Bogomaz, S., Bhomi, A. L., Clinton, A., de Clunie, G. T., Czarna, A. Z., Esteves, C., Gouveia, V., Halik, M. H. J., Hosseini, A., Khachatryan, N., Kamble, S. V., Kawula, A., Lun, V. M. C., Ilisko, D., Klicperova-Baker, M., Liik, K., Letovancova, E., Cerrato, S. M., Michalowski, J., Malysheva, N., Marganski, A., Nikolic, M., Park, J., Paspalanova, E., de Leon, P. P., Pék, G., Różycka-Tran, J., Samekin, A., Shahbaz, W., Khanh Ha, T. T., Tiliouine, H., van Hiel, A., Vauclair, M., Wills-Herrera, E., Włodarczyk, A., Yahiiaev, I., & Maltby, J. (2018). The mental health continuum-short form: The structure and application for cross-cultural studies-a 38 nation study. Journal of Clinical Psychology, 74, 1034–1052. https://doi.org/10.1002/jclp.22570.
34. Quoidbach, J., Sugitani, Y., Gross, J.J. *et al.* From affect to action: How pleasure shapes everyday decisions in Japan and the U.S.. *Motiv Emot* **43**, 948–955 (2019). https://doi.org/10.1007/s11031-019-09785-7
35. Gherghel, C., Nastas, D., Hashimoto, T. *et al.* The relationship between frequency of performing acts of kindness and subjective well-being: A mediation model in three cultures. *Curr Psychol* **40**, 4446–4459 (2021). https://doi.org/10.1007/s12144-019-00391-x
36. Lekes, N., Gingras, I., Philippe, F.L. *et al.* Parental Autonomy-Support, Intrinsic Life Goals, and Well-Being Among Adolescents in China and North America. *J Youth Adolescence* **39**, 858–869 (2010). https://doi.org/10.1007/s10964-009-9451-7
37. Filus, A., Schwarz, B., Mylonas, K. *et al.* Parenting and Late Adolescents' Well-Being in Greece, Norway, Poland and Switzerland: Associations with Individuation from Parents. *J Child Fam Stud* **28**, 560–576 (2019). https://doi.org/10.1007/s10826-018-1283-1; https://doi.org/10.1007/s12671-018-1045-6
38. Looze, M.E.d., Huijts, T., Stevens, G.W.J.M. *et al.* The Happiest Kids on Earth. Gender Equality and Adolescent Life Satisfaction in Europe and North America. *J Youth Adolescence* **47**, 1073–1085 (2018). https://doi.org/10.1007/s10964-017-0756-7
39. Arimitsu, K., Hitokoto, H., Kind, S., & Hofmann, S. G. (2019). Differences in compassion, well-being, and social anxiety between Japan and the USA. *Mindfulness*, *10*, 854-862. https://doi.org/10.1007/s12671-018-1045-6
40. Joshanloo, M. (2022). Predictors of aversion to happiness: New insights from a multi-national study. *Motivation and Emotion*. https://doi.org/10.1007/s11031-022-09954-1
41. Różycka-Tran, J., Piotrowski, J.P., Żemojtel-Piotrowska, M. *et al.* Belief in a zero-sum game and subjective well-being across 35 countries. *Curr Psychol* **40**, 3575–3584 (2021). https://doi.org/10.1007/s12144-019-00291-0
42. Davis, M. H. (2015). Empathy and prosocial behavior. In D. A. Schroeder & W. G. Graziano (Eds.), The Oxford Handbook of Prosocial Behavior (pp. 282–306). https://doi.org/10.1093/oxfordhb/9780195399813.013.026.
43. Eisenberg, N., & Miller, P. A. (1987). The relation of empathy to prosocial and related behaviors. Psychological Bulletin, 101(1), 91–119. https://doi.org/10.1037/0033-2909.101.1.91.

Emotionsregulation in verschiedenen Kulturen

Thu Trang Vu, Dung Vu und Thi Mai Lan Nguyen

Schlüsselwörter

Emotionsregulierung · Emotionale Unterdrückung · Neuronale Aktivierung · Individualismus · Machtdistanz

Die Emotionsregulation ist die komplexeste Komponente der emotionalen Intelligenz. Daher konzentrieren sich neuere Studien zur Emotionsregulation, wie in diesem Kapitel erwähnt, zunächst auf die Erforschung kulturübergreifender Unterschiede in der Emotionsregulation und darauf, wie sich diese Unterschiede auf das Leben von Menschen in verschiedenen Kulturen auswirken. Hampton und Varnum (54) verglichen Ostasiaten und europäische Amerikaner und fanden Unterschiede in der Emotionsunterdrückung. Min et al. (58) untersuchten kulturübergreifende Unterschiede in der Emotionsregulation bei Asiaten, um die kulturelle Vielfalt in einem Bereich hervorzuheben, der häufig fälschlicherweise als kulturell kohärent angesehen wird. Min und Takai (55) und Benita et al. (56) berichteten, dass Emotionsregulation die Wahrnehmung von Beziehungen und Wohlbefinden in verschiedenen Kulturen unterschiedlich beeinflussen kann.

Angesichts der Bedeutung der Emotionsregulierung für das tägliche Leben ist es leicht verständlich, dass Psychologen nach Faktoren suchen, die kulturübergreifende Unterschiede in der Emotionsregulierung erklären können. Es wurden bereits einige Hypo-

T. T. Vu (✉)
Faculty of Psychology and Education, Hanoi National University of Education, Hanoi, Vietnam
E-Mail: trangvt@hnue.edu.vn

D. Vu · T. M. L. Nguyen
Institute of Psychology, Hanoi, Vietnam

thesen vorgeschlagen. Die Neurowissenschaft liefert eine Erklärung, da Hampton und Varnum (54) untersuchten, wie situationsspezifische neuronale Aktivierung die Emotions-regulation in verschiedenen Kulturen beeinflusst. Individualismus-Kollektivismus ist eine weitere Erklärung, und sie ist plausibel, da Zentner et al. (57) Unterschiede in der Anfäl-ligkeit für soziale Angst (eine Manifestation geringer Emotionsregulation) bei Menschen mit unabhängigem und interdependentem Selbstkonzept fanden.

Individualismus und Kollektivismus reichen jedoch nicht aus, um kulturübergreifende Unterschiede in der Emotionsregulation zu erklären. Vielmehr sollten auch andere Dimen-sionen wie Machtdistanz und soziale Wertorientierung in die Betrachtung einbezogen werden, wie Min et al. (58) betonen. Als Riany, Haslam und Sanders (59) den Erziehungs-stil untersuchten, um kulturelle Unterschiede in der Emotionsregulationsfähigkeit von Kindern zu erklären, fanden sie gemischte Ergebnisse. Sowohl in australischen (einer westlichen Kultur) als auch in indonesischen (einer östlichen Kultur) Familien war die hohe Kompetenz der Kinder bei der Emotionsregulierung mit einem hohen Einsatz von autoritativen Erziehungsstilen und einem geringen Einsatz von autoritären Erziehungssti-len verbunden. Allerdings verursacht autoritäres Erziehungsverhalten bei indonesischen Kindern weniger Probleme als bei australischen Kindern. Auch Depressionen und Angst-zustände der Eltern werden in australischen Kulturen durchweg mit Fehlanpassungen der Kinder in Verbindung gebracht; in der indonesischen Kultur ist dieser Zusammenhang jedoch weniger deutlich. Möglicherweise liegt das daran, dass in asiatischen Kulturen die Akzeptanz der elterlichen Macht hoch ist oder, anders ausgedrückt, die Machtdistanz hoch ist.

In Kap. 4 enthaltene Veröffentlichungen

Die kulturelle Neurowissenschaft der Emotionsregulation | DOI: https://doi.org/10.1007/s40167-018-0066-2

Der Einfluss emotionaler Kompetenz auf die Beziehungsqualität: Ein Vergleich zwi-schen Japan und Myanmar | DOI: https://doi.org/10.1007/s12144-018-0002-9

Integrative und unterdrückerische Emotionsregulation sagen Wohlbefinden durch Grundbedürfnisbefriedigung und Frustration unterschiedlich voraus: Ein Test in drei Län-dern | DOI: https://doi.org/10.1007/s11031-019-09781-x

Kulturelle und geschlechtsspezifische Unterschiede bei sozialer Angst: Die vermit-telnde Rolle des Selbstkonzepts und der Geschlechtsrollenidentifikation | DOI: https://doi.org/10.1007/s12144-022-03116-9

Kulturübergreifender Vergleich der emotionalen Kompetenz von Universitätsstudenten in Asien | DOI: https://doi.org/10.1007/s12144-018-9918-3

Elterliche Stimmung, Erziehungsstil und emotionale und verhaltensmäßige Anpassung des Kindes: Australia-Indonesia Cross-Cultural Study | DOI: https://doi.org/10.1007/s10826-021-02137-5

Der Einfluss emotionaler Kompetenz auf die Beziehungsqualität: Ein Vergleich zwischen Japan und Myanmar

DOI: https://doi.org/10.1007/s12144-018-0002-9

Kurzfassung – Zusammenfassung

Diese Studie untersuchte kulturelle Einflüsse auf Beziehungsqualitäten durch intrapersonelle und interpersonelle emotionale Kompetenz (EC) für Freundschaftsnetzwerke (gleichgeschlechtlicher bester Freund und gegengeschlechtlicher bester Freund), romantische Partner und Familienmitglieder (Geschwister, Mutter und Vater).

Wir fanden kulturelle Unterschiede in Bezug auf EG und Beziehungsqualitäten für jedes Ziel (gleichgeschlechtlicher bester Freund, andersgeschlechtlicher bester Freund, romantischer Partner, Geschwister, Mutter und Vater).

Sowohl die interpersonelle als auch die intrapersonelle EG vermittelten den Einfluss der Kultur auf positive Beziehungsqualitäten für Familienmitglieder.

Intrapersonelle EC vermittelte diesen Effekt für gleichgeschlechtliche beste Freunde und romantische Partner, während interpersonelle EC dies für andersgeschlechtliche beste Freunde tat.

Zwischenmenschliche EG vermittelte die Wirkung zwischen Kultur und negativen Beziehungsqualitäten für den Vater.

Unsere Ergebnisse deuten darauf hin, dass EC die Wirkung von Kultur auf Beziehungsqualitäten vermittelt und dass es in Bezug auf diese Wirkung kulturelle Unterschiede gibt.

Einführung

Emotionale Kompetenz (EC), d. h. die Art und Weise, wie wir eigene und fremde Emotionen erkennen, verstehen, ausdrücken, regulieren und nutzen, spielt eine entscheidende Rolle für die Beziehungsqualität im täglichen Leben.

Eine wachsende Zahl von Studien belegt kulturelle Unterschiede in der EC (z. B. beim Ausdruck und der Regulierung von Emotionen).

Mikolajczak (1) schlug ein dreistufiges Modell von EC vor, das emotionsbezogenes Wissen, Fähigkeiten und Dispositionen umfasst.

Forschungsfrage 1: Unterscheiden sich Myanmar und Japaner in ihrem Niveau der intrapersonellen und interpersonellen emotionalen Kompetenz?

Die Normen der sozialen Interaktion sind in den verschiedenen Kulturen sehr unterschiedlich und wirken sich auf die positiven (z. B. emotionale Unterstützung) und negativen (z. B. Konflikte) Beziehungseigenschaften aus.

Forschungsfrage 3: Hat die Kultur einen Einfluss auf die Wahrnehmung von positiven und negativen Beziehungsqualitäten durch emotionale Kompetenz?

Methode

Die Teilnehmer wurden aus den ausgewählten Regionen Asiens rekrutiert: Ostasien und Südostasien.

Die Teilnehmer kamen von drei Universitäten in Zentraljapan und vier Universitäten in Unter- und Ober-Myanmar.

Hinsichtlich der Religionszugehörigkeit waren die japanischen Teilnehmer zu 33,13 % Atheisten, zu 18,84 % Buddhisten, zu 1,52 % Christen und zu 46,51 % ohne Angabe; in Myanmar waren 82,91 % Buddhisten, 4,34 % Christen, 0,26 % Atheisten und 12,49 % ohne Angabe.

Alle Teilnehmer wurden von den Forschern an den Universitäten rekrutiert, erhielten eine ausführliche Erklärung über die Studie und wurden gefragt, ob sie freiwillig und mit informierter Zustimmung an der Beantwortung des Fragebogens teilnehmen wollten.

PEC umfasst insgesamt 50 Items, die auf einer Fünf-Punkte-Skala von 1 (stimme überhaupt nicht zu) bis 5 (stimme voll und ganz zu) bewertet werden, und setzt sich aus zwei Unterskalen zweiter Ordnung zusammen: intrapersonelle EC und interpersonelle EC.

Ergebnisse

Bei gleichgeschlechtlichen besten Freunden, Liebespartnern, Geschwistern, Müttern und Vätern sagte die Kultur signifikant die intrapersonelle EG voraus, und die intrapersonelle EG wiederum sagte signifikant die positiven Beziehungsqualitäten zu diesen Zielpersonen voraus, wobei der indirekte Effekt signifikant war.

Diese Ergebnisse deuten darauf hin, dass die Kultur einen Einfluss auf die Wahrnehmung positiver Beziehungsqualitäten für den besten Freund, den romantischen Partner, die Geschwister, die Mutter und den Vater durch die intrapersonelle EG ausübt.

Um zu analysieren, ob intrapersonelle und interpersonelle EC die Beziehung zwischen Kultur und negativen Beziehungsqualitäten zu gleichgeschlechtlichen besten Freunden, andersgeschlechtlichen besten Freunden, romantischen Partnern, Geschwistern, Mutter und Vater vermittelt, wurde ein Bootstrap-Schätzverfahren mit 1000 Stichproben (Shrout und Bolger, 2) unter Verwendung von Mplus 8 (Muthén und Muthén, 3) untersucht.

Diese Ergebnisse belegen nicht, dass die Kultur einen Einfluss auf die Wahrnehmung negativer Beziehungsqualitäten mit den Zielpersonen hat, d. h. mit dem besten Freund des gleichen Geschlechts, dem besten Freund des anderen Geschlechts, dem romantischen Partner, den Geschwistern und der Mutter durch die intrapersonelle und interpersonelle EG.

Diskussion

In dieser Studie wurde festgestellt, dass es zwischen Japan und Myanmar kulturelle Unterschiede bei den Beziehungsqualitäten bestimmter Mitglieder sozialer Netzwerke gibt, die aus dem besten Freund des gleichen Geschlechts, dem besten Freund des anderen Geschlechts, dem Liebespartner, den Geschwistern, der Mutter und dem Vater bestehen.

Die Kultur übt einen Einfluss auf die Wahrnehmung positiver Beziehungsqualitäten durch intra- und interpersonelle EG mit Zielpersonen aus, die aus gleichgeschlechtlichen besten Freunden, andersgeschlechtlichen besten Freunden, romantischen Partnern, Geschwistern, Mutter und Vater bestehen.

Hier spielt die Rolle von Beziehungsfaktoren (z. B. Intimitätsgrad, sozialer Status) im sozialen Interaktionskontext eine entscheidende Rolle, insbesondere in asiatischen Kulturen, sodass Menschen je nach Intimitätsgrad unterschiedlich behandelt werden und sowohl positive als auch negative Beziehungsqualitäten aufweisen, wenn die Zielperson sehr intim mit ihnen ist.

Diese Studie zeigte, dass die Kultur keinen Einfluss auf die Wahrnehmung negativer Beziehungsqualitäten mit Zielpersonen hatte, die aus gleichgeschlechtlichen besten Freunden, andersgeschlechtlichen besten Freunden, romantischen Partnern, Geschwistern und Müttern durch intrapersonelle und interpersonelle EG bestanden.

Schlussfolgerung

In der Vergangenheit wurden in der kulturübergreifenden Forschung in der Regel westliche Kulturen den östlichen gegenübergestellt, bei denen es sich wahrscheinlich um eines oder mehrere der vier großen ostasiatischen Länder (Japan, China, Korea und Hongkong) handelte (Oyserman et al., 4).

Diese Studie war darauf ausgerichtet, eine solche asiatische Kultur mit einer anderen, weniger untersuchten südostasiatischen Kultur zu vergleichen, um die Unterschiede innerhalb der asiatischen Kulturen zu untersuchen.

Diese Studie leistet einen Beitrag zu den kulturellen Unterschieden zwischen Japan und Myanmar in Bezug auf EC und Beziehungsqualitäten und untersucht gleichzeitig die vermittelnde Rolle von intra- und interpersonellem EC zwischen der Kultur und positiven Beziehungsqualitäten von Freundschaftsnetzwerken, Liebespartnern und Familienmitgliedern.

Danksagung

Eine maschinell erstellte Zusammenfassung, basierend auf der Arbeit von Min, May Cho; Takai, Jiro
  2018 in Current Psychology

Integrative und unterdrückerische Emotionsregulation sagen Wohlbefinden durch Befriedigung von Grundbedürfnissen und Frustration unterschiedlich voraus: Ein Test in drei Ländern

DOI: https://doi.org/10.1007/s11031-019-09781-x

Kurzfassung – Zusammenfassung

Die Emotionsregulationsstile der Menschen stehen in unterschiedlichem Zusammenhang mit dem Wohlbefinden.

Auf der Grundlage der Selbstbestimmungstheorie (Ryan und Deci, 32, Self-determination theory: basic psychological needs in motivation, development, and wellness, Guilford Press, New York) haben Forscher in jüngster Zeit das Konzept der integrativen Emotionsregulation (IER) als adaptiven Emotionsregulationsstil erforscht und es dem weniger adaptiven Stil der suppressiven Emotionsregulation (SER) gegenübergestellt.

In dieser Studie wurde untersucht, inwieweit die Beziehungen zwischen IER, SER und Wohlbefinden durch die Befriedigung bzw. Frustration der psychologischen Grundbedürfnisse des Einzelnen vermittelt werden.

Die Ergebnisse der Multigruppen-Strukturgleichungsmodellierung (SEM) zeigten, dass die integrative Emotionsregulation das Wohlbefinden in allen drei Ländern positiv vorhersagte, vermittelt durch die Befriedigung psychologischer Bedürfnisse.

Die Beziehung zwischen unterdrückter Emotionsregulierung und Wohlbefinden wird durch psychologische Bedürfnisfrustration vermittelt.

Einführung

Ryan und andere (33, 34) stellten die IER der suppressiven Emotionsregulation (SER) gegenüber, die eine Vermeidung und Minimierung von Emotionen beinhaltet.

Um diese Mechanismen zu erforschen, stützte sich diese Untersuchung auf die Theorie der psychologischen Grundbedürfnisse (Ryan und Deci, 32), eine wichtige Minitheorie der SDT (= Selbstbestimmungstheorie, die die Rolle der intrinsischen Motivation und der persönlichen Kontrolle über Situationen bei der Regulierung von Verhaltensweisen betont).

In keiner Studie wurde untersucht, ob die Befriedigung oder Enttäuschung dieser drei Grundbedürfnisse die Beziehungen zwischen IER, SER und Wohlbefinden beeinflusst.

Während einige Forschungsarbeiten kulturübergreifende Unterschiede in den Beziehungen zwischen der Unterdrückung der Emotionsregulation und dem Wohlbefinden untersucht haben (z. B. Butler u. a., 35; Soto u. a., 36), wurde nicht untersucht, ob die Beziehungen zwischen IER und Wohlbefinden zwischen Ländern und Kulturen variieren.

Angesichts dieser Lücken untersuchte die vorliegende Studie die vermittelnde Rolle von psychologischer Grundbedürfnisbefriedigung und Frustration in den Beziehungen zwischen IER, SER und Wohlbefinden in Israel, Peru und Brasilien.

Emotionsregulation und ihre Beziehung zum Wohlbefinden

Emotionen werden in Laborexperimenten häufig als Zustandsvariablen oder Strategien induziert, sodass Forscher ihre kurzfristige Wirkung untersuchen können (z. B. Gross, 37; Roth u. a., 38).

Eine andere Möglichkeit, zu untersuchen, wie Individuen Emotionen regulieren, besteht darin, Regulierung als eine Variable auf Merkmalsebene oder einen konsistenten Stil zu betrachten (z. B. Benita u. a., 39; John und Gross, 40).

Ein gut erforschter adaptiver Emotionsregulationsstil ist die Aufarbeitung, bei der Personen emotionale Ereignisse in nicht-emotionalen Begriffen konstruieren (Gross, 41; Gross und John, 42).

Forscher haben jedoch behauptet, dass eine adaptive Emotionsregulierung die Akzeptanz einer emotionalen Erfahrung durch den Einzelnen und nicht deren Minimierung beinhalten kann.

SDT-basierte Differenzierung von Emotionsregulationsstilen

IER beinhaltet einen zusätzlichen Aspekt: eine interessierte Haltung gegenüber Emotionen (eine absichtliche Erkundung von Emotionen; z. B. Roth u. a., 38), etwas, das es bei anderen Regulierungsstilen nicht gibt.

Experimentelle Studien, die IER als Zustandsvariable im Labor induzieren, zeigen, dass dieser Stil weniger defensives Coping und geringere emotionale Erregung angesichts emotionaler Stimuli vorhersagt als andere Emotionsregulationsstile, einschließlich SER (Roth et al., 38, 43).

Das SDT-Konzept der SER bezieht sich auf die Unterdrückung sowohl des Erlebens als auch des Ausdrucks von Emotionen; es wird als Konstrukt auf Merkmalsebene gemessen (z. B. Roth et al., 44).

Wir bezeichnen die Unterdrückung des Ausdrucks als expressive Unterdrückung und die Unterdrückung sowohl des emotionalen Ausdrucks als auch der Erfahrung als SER.

Im Gegensatz zu IER gilt SER als maladaptiver Emotionsregulationsstil (z. B. Roth und Assor, 45).

Befriedigung der Grundbedürfnisse und Frustration

Die SDT legt nahe, dass die Befriedigung und Frustration der psychologischen Grundbedürfnisse eine vermittelnde Rolle zwischen Wohlbefinden und Verhaltensregulationen spielen (Ryan und Deci, 32).

Die in der SDT verankerte Forschung hat gezeigt, dass autonom reguliertes Verhalten (d. h. mit einem Gefühl der Wahl und des Wollens) mit der Befriedigung von Grundbedürfnissen zusammenhängt, während kontrolliertes Verhalten (d. h. mit einem Gefühl des Zwangs) mit Bedürfnisfrustration zusammenhängt (Chen u. a., 46; Haerens u. a., 47; Weinstein und Ryan, 48).

Die Art und Weise, wie Menschen ihr Verhalten und ihre Motivation regulieren, hat wahrscheinlich Einfluss darauf, ob sie Bedürfnisbefriedigung oder Frustration erleben.

Wir vermuten, dass IER positiv mit der Befriedigung der Grundbedürfnisse Autonomie, Kompetenz und Beziehung zusammenhängt, da Menschen, die IER nutzen, ihre emotionalen Erfahrungen bestätigen und akzeptieren (Roth u. a., 44), sich kompetenter bei der Regulierung ihrer Emotionen und emotionsbezogenen Verhaltensweisen fühlen (Roth u. a., 38, 43) und eine bessere Beziehungsqualität haben (Benita u. a., 39; Roth und Assor, 45).

Kulturelle Erwägungen

Während Israel, Peru und Brasilien bei den meisten Dimensionen ähnlich abschneiden, gibt es bei den Dimensionen Individualismus und Machtdistanz größere Unterschiede zwischen Israel und den beiden anderen Ländern (Hofstede, 49).

Forscher, die sich auf die erste Dimension beziehen (z. B. Butler u. a., 35; Soto u. a., 36), weisen darauf hin, dass in individualistischen Kulturen die Unterdrückung von Emotionen nicht erwünscht ist, da sie zu Gefühlen der Inauthentizität führen kann.

Forscher, die sich mit der zweiten Dimension, der Machtdistanz, befasst haben, gehen davon aus, dass Kulturen mit einer hohen Machtdistanz Durchsetzungsvermögen entmutigen und Selbstregulierung in Interaktionen fördern, wohingegen das Gegenteil für Kulturen mit einer niedrigen Machtdistanz zutreffen soll (Matsumoto, 50).

Wir gingen davon aus, dass die Kombination aus höherem Kollektivismus und Machtdistanz, die Peruaner und Brasilianer im Vergleich zu Israelis kennzeichnet, dazu führt, dass emotionale Unterdrückung in Peru und Brasilien wahrscheinlich in geringerem Maße negativ mit dem Wohlbefinden verbunden ist als in Israel.

Die Untersuchung

Ziel dieser Studie war es, die Zusammenhänge zwischen IER, SER und Wohlbefinden in Israel, Peru und Brasilien zu untersuchen und die vermittelnde Rolle von psychologischer Grundbedürfnisbefriedigung und Frustration in diesen Zusammenhängen zu beleuchten.

Wir gingen davon aus, dass in Kulturen, in denen die Dimensionen Kollektivismus und Machtdistanz stärker ausgeprägt sind (Peru und Brasilien), SER weniger stark mit psychologischer Bedürfnisfrustration und Wohlbefinden verbunden ist (Hypothese 2).

Wir erwarteten, dass die Befriedigung von Grundbedürfnissen positiv und die Frustration von Grundbedürfnissen negativ mit dem Wohlbefinden zusammenhängt und dass diese Zusammenhänge kulturübergreifend gleich sind (Hypothese 3).

Wir stellten die Hypothese auf, dass trotz kultureller Unterschiede die Befriedigung von Grundbedürfnissen die positiven Beziehungen zwischen IER und Wohlbefinden in allen Kulturen vermitteln würde, während Grundbedürfnisfrustration die negativen Beziehungen zwischen SER und Wohlbefinden vermitteln würde (Hypothese 4).

Methode

Nach dem Ausfüllen der Liste füllten die Teilnehmer die Items aus, die sich auf die Emotionsregulationsstile bezogen.

Die IER-Skala umfasste Items, die ein differenziertes Bewusstsein für persönliche Emotionen und deren aktive Erkundung messen (Beispielitems: „Wenn ich eine Emotion erlebe, die ich nicht fühlen möchte, ist es für mich wichtig zu verstehen, warum ich so fühle"; „In Situationen, in denen ich unerwünschte Emotionen erlebe, versuche ich zu verstehen, was dies (für mich) über mich und meine Situation aussagt").

Die SER-Skala umfasste die Unterdrückung des Ausdrucks (Beispiel-Item: „In jeder Situation ziehe ich es vor, Emotionen, die ich nicht fühlen möchte, nicht auszudrücken") und des Erlebens (Beispiel-Item: „Wenn ich eine Emotion erlebe, die ich nicht fühlen möchte, versuche ich, sie zu ignorieren").

Anschließend untersuchten wir kulturelle Unterschiede und testeten die Messäquivalenz der Skalen, die die Emotionsregulation, die Befriedigung psychologischer Grundbedürfnisse, die Frustration von Bedürfnissen und das Wohlbefinden erfassen.

Ergebnisse

IER stand in Peru in einem negativen Zusammenhang mit der Frustration über Grundbedürfnisse, nicht aber in Israel oder Brasilien.

SER stand kulturübergreifend in einem positiven Zusammenhang mit der Befriedigung von Grundbedürfnissen.

Die Ergebnisse unterstützten teilweise Hypothese 2, da die Beziehungen zwischen IER, SER und Wohlbefinden in allen drei Kulturen gleich waren, aber abgeschwächte Beziehungen zwischen SER und Grundbedürfnisfrustration in Peru und Brasilien, aber nicht in Israel festgestellt wurden.

Die Ergebnisse stützen Hypothese 3, da die Beziehungen zwischen der Befriedigung von Grundbedürfnissen, Frustration und Wohlbefinden in allen Ländern gleich sind.

Wir haben diesen Vermittlungseffekt in Israel nicht getestet, da der Pfad von IER zu Grundbedürfnisfrustration in diesem Land nicht signifikant war.

Grundbedürfnisbefriedigung und Frustration vermittelten vollständig die Beziehungen zwischen IER, SER und Wohlbefinden.

Daher verglichen wir die von uns vorhergesagte Kausalsequenz mit einem alternativen Modell, in dem die Art der Emotionsregulierung die Beziehungen zwischen psychologischer Bedürfnisbefriedigung, Frustration und Wohlbefinden vermittelt.

Diskussion

Unsere Studie ist die erste, die die positive Beziehung zwischen IER und der Befriedigung grundlegender Bedürfnisse nachweist.

In allen drei Ländern stand die IER in einem positiven Zusammenhang mit der Befriedigung psychologischer Bedürfnisse. In Peru und Brasilien war sie negativ mit der Frustration psychologischer Bedürfnisse verbunden.

Der Zusammenhang zwischen IER und Wohlbefinden wurde in den drei untersuchten Ländern durch die Befriedigung grundlegender Bedürfnisse vermittelt.

Unsere Studie zeigt, dass SER in drei verschiedenen Kulturen positiv mit psychologischer Bedürfnisfrustration und negativ mit Wohlbefinden zusammenhängt, was frühere Ergebnisse der Emotionsregulationsforschung unterstützt (z. B. Gross und John, 42).

In Anbetracht der Beziehung zwischen SER und psychologischer Bedürfnisfrustration vermuten wir, dass es sich um eine Art der Emotionsregulierung handelt, die den integrativen Prozess wahrscheinlich untergräbt.

In Übereinstimmung mit den Vorhersagen der kulturübergreifenden Forschung zur Emotionsregulation (Matsumoto et al., 51, 52; Tsai und Lu, 53) fanden wir in Peru und Brasilien schwächere Beziehungen zwischen SER und Grundbedürfnisfrustration als in Israel.

Beschränkungen

Eine weitere Einschränkung betrifft die Merkmale der an dieser Untersuchung beteiligten Länder.

Obwohl wir unsere Unterscheidungen auf Unterschiede in den Dimensionen Individualismus versus Kollektivismus und Machtdistanz stützten, haben wir die kulturellen Marker nicht direkt gemessen, was unsere Möglichkeiten einschränkt, sichere Erkenntnisse über die tatsächlichen kulturellen Unterschiede zwischen den teilnehmenden Ländern zu gewinnen.

Zukünftige Forschungen sollten die Ergebnisse von IER und SER in prototypischeren individualistischen Kulturen als Israel, wie Nordamerika und Westeuropa sowie in kollektivistischen Kulturen aus anderen geografischen Regionen, wie Ostasien, Afrika, Osteuropa und den pazifischen Inseln, untersuchen.

Eine letzte Einschränkung besteht darin, dass die vermutete Richtung der Kausalität in unserer Studie zwar mit der SDT übereinstimmte und durch die schlechte Anpassung des alternativen Modells unterstützt wurde, die Kausalität jedoch aufgrund unserer korrelativen Querschnittsdaten unklar bleibt.

Zukünftige Richtungen

Wenn man diese Ergebnisse zu den unseren hinzufügt, scheint es wahrscheinlich, dass autonomiefördernde und kontrollierende Umgebungen die Entwicklung von Emotionsregulationsstilen beeinflussen, und diese Stile sagen Erfahrungen von psychologischer Bedürfnisbefriedigung und Frustration sowie Wohlbefinden voraus.

Jüngste experimentelle Untersuchungen, die IER mit Reappraisal vergleichen, haben gezeigt, dass IER zumindest langfristig wahrscheinlich adaptiver ist als Reappraisal, da es das Individuum gegen die langfristigen Auswirkungen unangenehmer Emotionen immunisiert (Roth et al., 43).

Künftige Forschungsarbeiten sollten untersuchen, ob die Beziehungen zwischen den eigenschaftsbezogenen Stilen von IER und SER und dem Wohlbefinden auch nach Kontrolle der Aufarbeitung bestehen.

Da unsere Untersuchungen darauf hindeuten, dass IER eine wichtige Komponente des Integrationsprozesses ist, ist die Annahme plausibel, dass die Befriedigung der Bedürfnisse die Beziehung zwischen IER und Wohlbefinden vermittelt, nicht aber die der Neubewertung.

Schlussfolgerung

Sie legen nahe, dass Menschen, die sich für ihre Emotionen interessieren und sie freiwillig erforschen, in verschiedenen Kulturen wahrscheinlich eine bessere psychische Gesundheit haben.

Diejenigen, die ihre Emotionen ignorieren und verstecken, werden wahrscheinlich eine geringere psychische Gesundheit und sogar ein größeres Unwohlsein erfahren.

Die Ergebnisse deuten auch darauf hin, dass die Befriedigung von Grundbedürfnissen und Frustration wahrscheinlich eine Schlüsselrolle bei der Erklärung spielen, warum einige Emotionsregulationsstile adaptiv sind und andere nicht.

Danksagung

Eine maschinell erstellte Zusammenfassung, basierend auf der Arbeit von Benita, Moti; Benish-Weisman, Maya; Matos, Lennia; Torres, Claudio
  2019 in Motivation and Emotion

Die kulturelle Neurowissenschaft der Emotionsregulation

DOI: https://doi.org/10.1007/s40167-018-0066-2

Kurzfassung – Zusammenfassung

Wir überprüfen und befürworten einen kulturneurowissenschaftlichen Ansatz zur Untersuchung von Kultur und Emotionsregulation.

Wir fassen theoretische Darstellungen darüber zusammen, wie die Kultur die Art und Weise beeinflusst, wie Menschen ihre inneren Erfahrungen und den äußeren Ausdruck von Emotionen erleben und zu regulieren versuchen.

Anschließend werden bestehende kulturneurowissenschaftliche Studien zur Untersuchung von Unterschieden in der Emotionsregulierung zwischen verschiedenen kulturellen Gruppen vorgestellt, und es wird aufgezeigt, wie diese Ergebnisse die Theorie traditionellerer Methoden erweitern und neue Erkenntnisse liefern.

Theorien über Kultur und Emotionsregulierung

Wir fassen den theoretischen Rahmen und Belege für kulturelle Unterschiede bei der Regulierung des Emotionserlebens zusammen, denen der Ausdruck von Emotionen folgt.

Da das innere Erleben von Emotionen schwer objektiv zu messen ist, konzentriert sich ein großer Teil der Literatur auf kulturelle Unterschiede bei den selbstberichteten Strategien und Verhaltensweisen zur Regulierung der eigenen beobachtbaren Reaktionen auf Emotionen.

Die Forschung zum idealen Affekt deutet außerdem darauf hin, dass es oft eine Diskrepanz zwischen affektiven Präferenzen und Erfahrungen gibt (z. B. Tsai et al., 9), was darauf hindeutet, dass kulturelle Unterschiede in den Präferenzen oder injunktiven Normen in Bezug auf die Emotionsregulierung mit Unterschieden in der Fähigkeit, dies zu tun, korrespondieren können oder auch nicht.

All dies wirft die Frage auf, was sozusagen eigentlich „unter der Haube" passiert, in Bezug auf das innere Erleben und die Regulierung von Emotionen in unterschiedlichen kulturellen Kontexten.

Ein kurzer Überblick über die kulturellen Neurowissenschaften

Jüngste Forschungen auf dem Gebiet der kulturellen Neurowissenschaften haben gezeigt, dass sich diese kulturelle Prägung des Gehirns auf viele verschiedene Arten manifestieren kann.

Die neuronale Aktivierung in ein und demselben Hirnbereich kann je nach kulturellem Hintergrund ein besserer oder schlechterer Prädiktor für Verhalten sein (Immordino-Yang u. a., 10, 11; Ma u. a., 12; Masuda u. a., 13) und kann zu Unterschieden in der neuronalen Aktivität führen, ohne dass nachgelagerte Verhaltensunterschiede bestehen (Jiang u. a., 14; Na und Kitayama, 15; Park und Kitayama, 16; Varnum u. a., 17), was darauf hindeutet, dass Personen mit unterschiedlichem kulturellen Hintergrund in der Lage sein können, die gleichen Ergebnisse mithilfe unterschiedlicher neuronaler Prozesse oder Bahnen zu erzielen.

Andere neuere Arbeiten deuten darauf hin, dass die Kultur sogar die Form und Größe der kortikalen Strukturen des Gehirns verändern kann (Kitayama u. a., 18; Wang u. a., 19), was auf mögliche Unterschiede bei der Neurogenese und des „Prunings" (der Beschneidung bzw. Einschränkung) in den Bereichen des Gehirns zurückzuführen ist, die von Angehörigen verschiedener kultureller Gruppen häufiger genutzt werden.

Neuronale und physiologische Instrumente zur Untersuchung der Emotionsregulation

In Bezug auf die Regulation gibt es Hinweise darauf, dass die Unterdrückung von Gesichtsausdrücken von Emotionen zu einer erhöhten Erregung führen kann, die durch CSR gemessen wird (CSR = Hautleitfähigkeitsreaktion, ein Hinweis auf eine erhöhte physiologische Erregung, die in der Regel die Reaktion des sympathischen Nervensystems auf Veränderungen von Emotionen und Aufmerksamkeit ist) (Gross und Levenson 20), während die selbstgesteuerte Unterdrückung von Emotionen zu einer effektiv verringerten CSR führen kann (Driscoll et al., 21).

Vieles deutet darauf hin, dass eine erfolgreiche Emotionsregulierung durch eine erhöhte Aktivierung in präfrontalen Bereichen nachgewiesen werden kann, die dann die Aktivierung in subkortikalen Strukturen, einschließlich der Amygdala, herunterreguliert (Banks et al., 22; Ochsner et al., 23; Wager et al., 24).

Zahlreiche Arbeiten haben versucht, die Emotionsregulation mithilfe der Elektroenzephalographie (EEG) und insbesondere des ereigniskorrelierten Potenzials (ERP), das als spätes positives Potenzial (LPP) bekannt ist, zu verstehen.

Der LPP ist für eine Vielzahl spezifischer Regulationsstrategien empfänglich, die das Erleben von Emotionen beeinflussen.

Es scheint klare Beweise dafür zu geben, dass die LPP unterdrückt werden kann, dass aber die Aufarbeitung möglicherweise nicht so wirksam ist, um die emotionale Erregung zu steigern, sondern um sie zu dämpfen.

Kulturelle neurowissenschaftliche Studien zur Emotionsregulation

Die bereits erwähnte Forschung zur Unterdrückung von Gesichtsausdrücken deutet darauf hin, dass Ostasiaten ihr Erleben durch Unterdrückung von Gesichtsemotionen besser regulieren können (z. B. Ohira et al., 25); daher sind sie möglicherweise besser in der Lage, affektive neuronale Reaktionen zu unterdrücken.

Das Modell der hedonischen Regulierung und die Implikationen der Theorie des idealen Affekts legen nahe, dass europäische Amerikaner eher positive Emotionen verstärken, nicht aber negative, wohingegen Ostasiaten eher neutral bleiben oder hohe Erregungszustände unterdrücken.

Wie bei der LPP-Reaktion im früheren Zeitfenster der Studie von Murata et al. (26) zeigten auch in unserer Studie weder europäische Amerikaner noch Menschen mit ostasiatischem Hintergrund als Gruppe eine erfolgreiche Unterdrückung der LPP, und auch wenn Teilnehmer mit mexikanischem kulturellen Hintergrund Anzeichen für eine erfolgreiche Unterdrückung zeigten, war dies nur bei positiven Bildern der Fall.

Zukünftige Richtungen und Schlussfolgerungen

Eine weitere offene Frage für die Forschung zu Kultur und Emotionsregulation betrifft die Frage, welche Arten spezifischer Strategien (Neubewertung, Ausdrucksunterdrückung, Aufmerksamkeitsumverteilung usw.) in verschiedenen kulturellen Kontexten häufiger verwendet werden und wie die spontane Verwendung solcher Strategien mit den bisher beobachteten kulturellen Unterschieden in der Regulation neuronaler affektiver Reaktionen zusammenhängen könnte.

Wir glauben, dass es von entscheidender Bedeutung ist, (1) den Umfang der kulturellen neurowissenschaftlichen Forschung zu Emotionen zu erweitern, um eine breitere Auswahl der kulturellen Gruppen der Welt einzubeziehen, und (2) über die deskriptive Phase dieser Arbeit hinauszugehen – d. h. lediglich zu zeigen, ob es beim Vergleich verschiedener kultureller Gruppen Unterschiede in der Regulierung affektiver neuronaler Reaktionen gibt oder nicht – und zu einer erklärenden Phase überzugehen, in der theoretische Erklärungen zu den Ursprüngen solcher Unterschiede empirisch geprüft und die Ergebnisse kultureller Unterschiede in der Emotionsregulation betrachtet werden (z. B. Hechtman et al., 27).

Danksagung

Eine maschinell erstellte Zusammenfassung, basierend auf der Arbeit von Hampton, Ryan S.; Varnum, Michael E. W.

2018 in Culture and Brain

Kulturelle und geschlechtsspezifische Unterschiede bei sozialer Angst: Die vermittelnde Rolle des Selbstkonzepts und der Geschlechtsrollenidentifikation

DOI: https://doi.org/10.1007/s12144-022-03116-9

Kurzfassung – Zusammenfassung

Europäisch-kanadische (n = 99; 47 % weiblich) und asiatisch-kanadische (n = 94; 54 % weiblich) Studenten füllten Fragebögen aus, die den Grad der Unabhängigkeit, der gegenseitigen Abhängigkeit, der Männlichkeit, der Weiblichkeit und der sozialen Ängstlichkeit messen.

Mediatorische Analysen ergaben, dass das Maß an Unabhängigkeit, Interdependenz und Männlichkeit den Zusammenhang zwischen Kultur und sozialer Angst vermittelte, während das Maß an Männlichkeit den Zusammenhang zwischen Geschlecht und sozialer Angst vermittelte.

Kulturelle Unterschiede in Bezug auf soziale Ängste werden durch das Ausmaß erklärt, in dem sich Individuen als unabhängig und abhängig definieren, während geschlechtsspezifische Unterschiede in Bezug auf soziale Ängste durch das Ausmaß erklärt werden, in dem sich Individuen mit einer männlichen Geschlechterrolle identifizieren.

Unsere Ergebnisse deuten darauf hin, dass Kultur und Geschlecht einen orthogonalen Einfluss auf die soziale Ängstlichkeit des Einzelnen haben.

Selbstkonstruktionen und Geschlechtsrollenidentifikation

Andere Forscher vertreten die Auffassung, dass das Konzept der Geschlechtsrollenidentifikation (d. h. das Ausmaß, in dem das Selbst mit traditionellen männlichen und weiblichen Attributen identifiziert wird) ein wesentliches Konstrukt zur Erklärung geschlechtsspezifischer Unterschiede bei psychologischen Prozessen ist.

Es gibt zwar eine umfangreiche Literatur über die wichtigsten Auswirkungen von Geschlecht und Kultur auf die soziale Angst, aber nur wenige Studien haben umfassend untersucht, wie das Selbstkonzept und die Identifikation mit der Geschlechterrolle das Niveau der sozialen Angst in verschiedenen kulturellen und geschlechtsspezifischen Gruppen beeinflussen.

In unabhängigen Kulturen (d. h. westlichen Kulturen) sind die Geschlechterrollen stabiler, und die Identifikation mit traditionellen männlichen Geschlechterrollen, die Menschen auf Unabhängigkeit und persönliche Leistung statt auf soziale Harmonie ausrichten, kann ein Schutzfaktor gegen soziale Ängste sein.

Da diese Faktoren möglicherweise zusammenwirken und so die deutlichen geschlechtsspezifischen Unterschiede bei der sozialen Angst in nordamerikanischen Gesellschaften erklären (Moscovitch u. a., 5; Roberts u. a., 6; Sugihara & Katsurada, 7), ist es wichtig, die Vermittlungsbeziehungen empirisch zu untersuchen, die den trennbaren Auswirkungen von Kultur und Geschlecht auf die soziale Angst zugrunde liegen.

Aktuelle Studie

Die vorliegende Studie untersuchte, wie Kultur und Geschlecht das Ausmaß sozialer Ängste beeinflussen, indem sie sich an eine Zufallsstichprobe von Studenten in einer multikulturellen kanadischen Gesellschaft wandte.

In der vorliegenden Studie wurden kanadisch-europäische und kanadisch-asiatische Studentengruppen (männlich und weiblich) miteinander verglichen und untersucht, ob Selbstkonstruktionen und Geschlechtsrollenidentifikation kulturelle und geschlechtsspezifische Unterschiede in Bezug auf soziale Ängste vermitteln.

Beide Teilnehmergruppen füllten eine Reihe von Selbsteinschätzungen zu Selbstkonzept, Geschlechtsrollenidentifikation und sozialen Ängsten aus.

Auf der Grundlage früherer kulturübergreifender Studien spekulierten wir, dass das Ausmaß sozialer Ängste zwischen den verschiedenen kulturellen Gruppen variieren würde (z. B. dass asiatische Kanadier ein höheres Ausmaß an sozialen Ängsten im Vergleich zu ihren europäischen kanadischen Kommilitonen angeben würden) und auch zwischen den Geschlechtern (z. B. dass weibliche Studenten ein höheres Ausmaß an sozialen Ängsten im Vergleich zu ihren männlichen Kommilitonen angeben würden).

Methode

Die Mittelwerte der Teilnehmer wurden für die 8 männlichen Items (Europäer-Kanadier: $\alpha = 0{,}76$; Asiatisch-Kanadier: $\alpha = 0{,}78$) und die 8 weiblichen Items (Europäer-Kanadier: $\alpha = 0{,}81$; Asiatisch-Kanadier: $\alpha = 0{,}69$) berechnet, wobei höhere Werte in beiden Untergruppen auf eine stärkere Identifikation mit männlichen oder weiblichen Attributen hinweisen.

Bei der Auswertung wurden die Durchschnittswerte der Teilnehmer für die 28 Items berechnet (Europäer-Kanadier: $\alpha = 0{,}95$; Asiaten-Kanadier: $\alpha = 0{,}94$), wobei höhere Werte ein höheres Maß an sozialem Unbehagen anzeigen.

Die Durchschnittswerte der Teilnehmer wurden für die 30 Items berechnet (Europäer-Kanadier: $\alpha = 0{,}97$; Asiaten-Kanadier: $\alpha = 0{,}93$), wobei höhere Werte auf eine größere soziale Ängstlichkeit hinweisen.

Bei der Auswertung wurden die Durchschnittswerte der Teilnehmer für die 20 Items berechnet (Europäer-Kanadier: $\alpha = 0{,}92$; Asiaten-Kanadier: $\alpha = 0{,}88$), wobei höhere Werte auf eine stärkere Sozialphobie hinweisen.

Die Durchschnittswerte der Teilnehmer wurden für die 20 Items berechnet (Europäer-Kanadier: $\alpha = 0{,}91$; Asiaten-Kanadier: $\alpha = 0{,}89$), wobei höhere Werte auf soziale Phobie und mittlere Werte auf soziale Angst hinweisen.

Ergebnisse

Der Haupteffekt der Kultur war nicht signifikant, $F (1, 188) < 1$, $p = 0{,}400$, $\eta_p^2 = 0{,}004$, d. h., europäische Kanadier ($M = 3{,}14$, $SD = 0{,}84$) und asiatische Kanadier ($M = 3{,}24$, $SD = 0{,}66$) berichteten über ein ähnliches Maß an sozialer Angst.

Diese indirekten Effekte deuten darauf hin, dass kulturelle Unterschiede in Bezug auf soziale Ängste teilweise durch das Ausmaß an unabhängigem und interdependentem Selbstkonzept erklärt werden können, was darauf hindeutet, dass asiatische Kanadier im Vergleich zu europäischen Kanadiern, die tendenziell ein niedrigeres Niveau an unabhängigem Selbstkonzept und ein höheres Niveau an interdependentem Selbstkonzept aufweisen, anfälliger für soziale Ängste sind.

Da es keine Assoziationen zwischen Geschlecht und Selbstkonstruktionen gab, waren die indirekten Effekte [Geschlecht → unabhängige und interdependente Selbstkonstruktionen → soziale Ängstlichkeit] nicht signifikant, indirekte Effekte = 0,01, 95 %CI = [− 0,05, 0,08].

Diskussion

Diese kulturellen Unterschiede in der Identifikation mit der Geschlechterrolle werden mit sozialen Ängsten in Verbindung gebracht, sodass asiatische Kanadier möglicherweise anfälliger für soziale Ängste sind, weil sie sich weniger stark mit männlichen Attributen identifizieren.

Weitere Untersuchungen sollten klären, wie asiatische Kanadier mit unterschiedlichem Akkulturationsgrad soziale Ängste erleben und in welchen sozialen Situationen sie eher kulturelle Konflikte erleben.

Unsere Ergebnisse deuten darauf hin, dass unabhängige und interdependente Selbstkonzepte kulturübergreifend vermittelnde Faktoren für soziale Ängste sind, was wiederum darauf hindeutet, dass sie durch die soziale Besorgnis, die von stark interdependenten Menschen erlebt wird (typisch für asiatische Kanadier), einem höheren Risiko für soziale Ängste ausgesetzt werden (Krieg & Xu, 8).

Unsere Ergebnisse deuten darauf hin, dass Maskulinität und Selbstkonstruktionen kulturelle Unterschiede in sozialer Angst vermitteln, während Maskulinität geschlechtsspezifische Unterschiede in sozialer Angst vermittelt.

Schlussfolgerung

Die vorliegende Studie untersucht die vermittelnden Effekte der Identifikation mit der Geschlechterrolle und des Selbstkonzepts auf soziale Ängste bei verschiedenen Geschlechtern und Kulturen, was einen wichtigen Beitrag zum Dialog über die erhöhte Prävalenz sozialer Ängste bei Frauen und asiatischen Bevölkerungsgruppen in Kanada darstellt.

Für ein umfassenderes Verständnis der Faktoren, die zu den Erfahrungen dieser Gruppen mit sozialer Angst beitragen, liefert diese Studie Forschern und Klinikern Überlegungen für eine psychische Gesundheitspraxis, die die Kultur, das Geschlecht, die Identifizierung mit der Geschlechterrolle und das Selbstkonzept berücksichtigt.

Danksagung

Eine maschinell erstellte Zusammenfassung, basierend auf der Arbeit von Zentner, Kristen E.; Lee, Hajin; Dueck, Bryce S.; Masuda, Takahiko
2022 in Current Psychology

Kulturübergreifender Vergleich der emotionalen Kompetenz von Hochschulstudenten in Asien

DOI: https://doi.org/10.1007/s12144-018-9918-3

Kurzfassung – Zusammenfassung

Emotionale Kompetenz (EC) bezieht sich auf individuelle Unterschiede im Erkennen, Verstehen, Ausdrücken, Regulieren und Nutzen der eigenen Emotionen und der Emotionen anderer (Brasseur u. a. in Plos One, 8(5), e62635, 28) und ist bekanntermaßen kulturell konstruiert.

In kulturübergreifenden Studien mit Asiaten werden in der Regel eine oder zwei Kulturen als Vertreter einer kollektivistischen Kultur ausgewählt, doch wir sind der Meinung, dass diese Kulturen ihren eigenen Charakter haben, insbesondere im Hinblick auf die EC.

Myanmar wies das höchste globale EC auf, gefolgt von Bangladesch, China und Japan, und es wurden signifikante Auswirkungen der Kultur auf alle intra- und interpersonellen EC-Faktoren festgestellt.

Ein geschlechtsspezifischer Haupteffekt wurde in einer intrapersonellen EG (Regulierung eigener Emotionen) und vier interpersonellen EG (Identifizierung, Zuhören, Regulierung und Nutzung der Emotionen anderer) festgestellt, während geschlechtsspezifische Interaktionseffekte in zwei intrapersonellen EG (Verstehen und Ausdruck eigener Emotionen) bestätigt wurden.

Einführung

Neuere Forschungen haben Beweise für kulturelle Variabilität und Fähigkeiten in Verbindung mit EG durch einen sozialkonstruktivistischen Ansatz für emotionale Erfahrung dokumentiert (Heine, 29).

Die Kultur spielt eine zentrale Rolle bei der Gestaltung des emotionalen Erlebens, daher sind weitere kulturübergreifende Forschungen zu EC (z. B. Emotionsverständnis und -regulierung) erforderlich (z. B. Shao u. a., 30), um kulturelle Unterschiede herauszuarbeiten.

Kulturübergreifende Forscher fassen diese verschiedenen asiatischen Kulturen oft in einer Kategorie von Kollektivisten zusammen, aber diese Studie versucht, die verschiedenen Regionen Asiens zu vergleichen, um herauszufinden, ob es irgendwelche Unterschiede in der emotionalen Kompetenz von Jugendlichen gibt.

Da sich die vorliegende Studie hauptsächlich auf asiatische Länder konzentriert, sind wir der Meinung, dass die PEC am besten geeignet ist, um die Kompetenz sowohl für die eigenen Emotionen (intrapersonelle EC) als auch für die Emotionen anderer (interpersonelle EC) zu messen.

Methode

Die Teilnehmer an dieser Studie wurden durch ein gleichmäßiges, geschichtetes Stichprobenverfahren rekrutiert, um die Länder der ausgewählten innerasiatischen Regionen zu repräsentieren.

Ein Land aus Südostasien (Myanmar), zwei Länder aus Ostasien (Japan und China) und ein Land aus Südasien (Bangladesch) wurden ausgewählt.

Die Teilnehmer kamen von zwei Universitäten in Unter- und Ober-Myanmar, drei Universitäten in Zentraljapan, einer Universität in China und drei Universitäten in Bangladesch.

Hinsichtlich der Religionszugehörigkeit setzten sich die Teilnehmer aus Myanmar zu 90,75 % aus Buddhisten, zu 4,75 % aus Christen, zu 0,25 % aus Muslimen und zu 0,25 % aus Atheisten zusammen; die Japaner waren zu 31,5 % Atheisten, zu 26,75 % Buddhisten, zu 2 % andere (z. B. Kami) und zu 1,25 % Christen; die Chinesen waren zu 78,44 % Atheisten und zu 0,46 % Buddhisten; die Teilnehmer aus Bangladesch waren zu 75,75 % Muslime, zu 4,5 % Christen, zu 0,75 % Hindus und zu 0,5 % Buddhisten.

Der Fragebogen wurde in der jeweiligen Amtssprache des Landes ausgefüllt (d. h. Myanmar, Japanisch, Chinesisch und Bengalisch).

Ergebnisse

Wir haben einen Faktor zweiter Ordnung und zwei Faktoren zweiter Ordnung mit 10 latenten Variablen erster Ordnung und insgesamt 20 Paketen mit 50 beobachteten Indikatoren gemessen (zwei Pakete für jede Subskala der intrapersonellen EC wie Identifikation, Verständnis, Ausdruck, Regulierung und Nutzung der eigenen Emotionen und für jede Subskala der interpersonellen EC wie Identifikation, Verständnis, Zuhören, Regulierung und Nutzung der Emotionen anderer).

Die zweite Ebene der Messäquivalenz ist die metrische Invarianz, bei der die Faktorladungen erster Ordnung über die Gruppen hinweg gleich sein müssen (Modell 2). Anschließend wird angenommen, dass die Faktorladungen erster und zweiter Ordnung ebenfalls gleich sind (Modell 3).

Die dritte Ebene der Messäquivalenz ist die skalare Invarianz, bei der die Faktorladungen erster und zweiter Ordnung und die Itemabschnitte der Pakete über die Gruppen hinweg gleich sein müssen (Modell 4).

Die Einschränkung, dass die Faktorladungen erster und zweiter Ordnung in allen Gruppen gleich sind (Modell 3), führte zu keiner signifikanten Verschlechterung der Modellanpassung (ΔCFI $< -0,01$, ΔRMSEA $< 0,015$), was die metrische Invarianz bestätigt.

Diskussion

In dieser Studie wurde untersucht, ob die PEC für die Untersuchung des intrapersonellen und interpersonellen EC von Universitätsstudenten in ausgewählten asiatischen Ländern (d. h. Myanmar, Japan, China und Bangladesch) geeignet ist.

In Übereinstimmung mit anderen EC-Studien (z. B. Brasseur u. a. 28) erzielten weibliche Schüler höhere Werte beim Erkennen und Spüren der Emotionen anderer als männliche.

Rarick und Nickerson (31) untersuchten die Menschen in Myanmar anhand der Werte-dimensionen von Hofstede und stellten fest, dass Myanmar im Vergleich zu Studien, die Daten aus anderen südostasiatischen Ländern (Malaysia, Philippinen, Indonesien, Singapur und Thailand) ermittelten, eine geringere Machtdistanz und einen höheren Individualismus aufwies, was darauf hindeutet, dass in Myanmar im Vergleich zu diesen anderen Kulturen mehr auf die eigenen Gefühle geachtet wird.

Diese Studie bestätigte die geschlechtsspezifischen Unterschiede in einer intrapersonellen (Regulierung der eigenen Emotionen) und vier interpersonellen (Erkennen, Spüren, Regulierung und Nutzung der Emotionen anderer) Kategorien in den asiatischen Ländern.

Danksagung

Eine maschinell erstellte Zusammenfassung, basierend auf der Arbeit von Min, May Cho; Islam, Md Nurul; Wang, Lina; Takai, Jiro
   2018 in Current Psychology

Elterliche Stimmung, Erziehungsstil und emotionale und verhaltensmäßige Anpassung des Kindes: Interkulturelle Studie Australien-Indonesien

DOI: https://doi.org/10.1007/s10826-021-02137-5

Kurzfassung – Zusammenfassung

Umfangreiche Untersuchungen in westlichen Ländern zeigen einen Zusammenhang zwischen der elterlichen Stimmung und dem Erziehungsstil und den Ergebnissen der Kinder, einschließlich der emotionalen und verhaltensbezogenen Anpassung.

Diese kulturübergreifende Studie zielt darauf ab, die Beziehung zwischen der wahrgenommenen elterlichen Stimmung, dem Erziehungsstil und der emotionalen und verhaltensmäßigen Anpassung des Kindes bei australischen und indonesischen Eltern zu untersuchen.

Ein hohes Maß an elterlichem Stress und ein geringerer Einsatz von autoritativem Erziehungsstil erwiesen sich als Prädiktoren für emotionale und Verhaltensprobleme der Kinder, während der autoritative Erziehungsstil in beiden Kulturen der Prädiktor für die Kompetenzen der Kinder war.

Diese Studie liefert Beweise für die Widersprüchlichkeit zwischen den kulturellen Präferenzen im Erziehungsstil und den vorhergesagten Faktoren für die Entwicklung der Kinder.

Methoden

Vorläufige Analysen, einschließlich t-Tests und Chi-Quadrat, wurden durchgeführt, um festzustellen, ob sich die beiden Gruppen (Eltern in Australien und Indonesien) in Bezug auf demografische Variablen unterschieden.

Zunächst wurden Korrelationsanalysen durchgeführt, um die Beziehungen zwischen der elterlichen Stimmung, dem Erziehungsstil, der emotionalen und verhaltensbezogenen Anpassung des Kindes und demografischen Variablen, einschließlich des sozioökonomischen Status, zu untersuchen und Kovariaten zu ermitteln.

Da signifikante Unterschiede zwischen den Elterngruppen bei der Bildung und der Wahrnehmung des wirtschaftlichen Status im Zusammenhang mit den abhängigen Variablen festgestellt wurden, wurde eine MANCOVA für kulturelle Gruppenunterschiede bei der elterlichen Stimmung, den Erziehungsstilen und der emotionalen und verhaltensmäßigen Anpassung des Kindes durchgeführt.

Bei der Untersuchung der emotionalen Störungen und der Verhaltensstörungen des Kindes wurden auf der ersten Stufe der hierarchischen Regressionsanalyse das Land, das Alter der Eltern, die elterliche Bildung und der wirtschaftliche Status der Familie hinzugefügt.

Um zu untersuchen, ob die unabhängigen Beiträge der elterlichen Variablen zur emotionalen und verhaltensbezogenen Anpassung des Kindes in den verschiedenen Kulturkreisen unterschiedlich sind, wurden zwei separate hierarchische Regressionsanalysen durchgeführt (Hypothese 3 und 4).

Ergebnisse

Wir führten eine Reihe von MANCOVA-Analysen durch, um die Unterschiede und die Effektgröße des kulturellen Hintergrunds bei jeder Messung der elterlichen Stimmung, des Erziehungsstils und der Anpassungsskalen der Kinder im Vergleich zwischen den Gruppen aus Australien und Indonesien zu untersuchen.

Bei der Untersuchung der emotionalen Störungen und Verhaltensstörungen des Kindes sagten auf der ersten Stufe das Land, das Alter der Eltern, die elterliche Bildung und der wirtschaftliche Status der Familie 3 % der Varianz der emotionalen und Verhaltensprobleme des Kindes voraus ($F(4, 430) = 3,45$, $p < 0,01$).

Auf der zweiten Stufe erklärte die elterliche Stimmung (Stress, Angst und Depression) signifikant zusätzliche 15 % der einzigartigen Varianz der kindlichen Fehlanpassung, Fchanged $(7430) = 12,03$, $p < 0,001$.

Im letzten Schritt wurden durch die Hinzunahme der autoritativen und autoritären Erziehungsstile 23 % der zusätzlichen Varianz in der kindlichen Fehlanpassung erklärt, Fchanged $(9, 430) = 15,61$, $p < 0,001$.

Auf Stufe 2 erklärte die elterliche Stimmung weitere 13 % der Varianz in den kindlichen Kompetenzen, $F(4,431) = 9,29$, $p < 0,001$.

Diskussion und Schlussfolgerung

Die Studie ergab, dass sowohl in der australischen als auch in der indonesischen Gruppe ein hoher Anteil an autoritativen Erziehungsstilen und ein geringer Anteil an autoritären Erziehungsstilen mit höheren Kompetenzen der Kinder verbunden waren.

Es wurde die Hypothese aufgestellt, dass ein stark autoritärer, weniger autoritativer Erziehungsstil und ein hohes Maß an elterlicher Stimmung bei Australiern die Fehlanpassung von Kindern vorhersagen würde, während dieser Zusammenhang bei indonesischen Kulturen nicht erwartet wurde.

Trotz der oben genannten Einschränkungen kann diese Studie mit einer großen Stichprobe aus zwei verschiedenen Kulturen und robusten Instrumenten einen einzigartigen Beitrag zum Verständnis der widersprüchlichen Beziehungen zwischen kulturellen Präferenzen im Erziehungsstil, der elterlichen Stimmung und den Prädiktoren für kindliche Ergebnisse (Fehlanpassung von Kindern und kindliche Kompetenzen) in Australien als Beispiel für ein westliches Land und Indonesien als asiatisches Land leisten.

Danksagung

Eine maschinell erstellte Zusammenfassung, basierend auf der Arbeit von Riany, Yulina E.; Haslam, Divna M.; Sanders, Matthew
  2021 in Journal of Child and Family Studies

Literatur

1. Mikolajczak, M. (2009). Going beyond the ability-trait debate: The three-level model of emotional intelligence. Electronic Journal of Applied Psychology, 5(2), 25–31. https://doi.org/10.7790/ejap.v5i2.175.
2. Shrout, P. E., & Bolger, N. (2002). Mediation in experimental and nonexperimental studies: new procedures and recommendations. Psychological Methods, 7(4), 422–445.
3. Muthén, L. K., & Muthén, B. O. (2017). Mplus user's guide (8th ed.). Los Angeles: Muthén & Muthén.
4. Oyserman, D., Coon, H. M., & Kemmelmeier, M. (2002). Rethinking individualism and collectivism: Evaluation of theoretical assumptions and meta-analyses. Psychological Bulletin, 128(1), 3–72.
5. Moscovitch, D. A., Hofmann, S. G., & Litz, B. T. (2005). The impact of self-construals on social anxiety: A gender-specific interaction. Personality and Individual Differences, 38(3), 659–672. https://doi.org/10.1016/j.paid.2004.05.021.
6. Roberts, K. E., Hart, T. A., Coroiu, A., & Heimberg, R. G. (2011). Gender role traits among individuals with social anxiety disorder. Personality and Individual Differences, 51(8), 952–957. https://doi.org/10.1016/j.paid.2011.07.030.

7. Sugihara, Y., & Katsurada, E. (2002). Gender role development in Japanese culture: Diminishing gender role differences in a contemporary society. Sex Roles, 47(9–10), 443–452.
8. Krieg, A., & Xu, Y. (2018). From self-construal to threat appraisal: Understanding cultural differences in social anxiety between Asian Americans and European Americans. Cultural Diversity and Ethnic Minority Psychology, 24(4), 477–488. https://doi.org/10.1037/cdp0000194.
9. Tsai, J. L., Knutson, B., & Fung, H. H. (2006). Cultural variation in affect valuation. Journal of Personality and Social Psychology, 90(2), 288–307. https://doi.org/10.1037/0022-3514.90.2.288.
10. Immordino-Yang, M. H., Yang, X.-F., & Damasio, H. (2014). Correlations between social-emotional feelings and anterior insula activity are independent from visceral states but influenced by culture. Frontiers in Human Neuroscience, 8, 728. https://doi.org/10.3389/fnhum.2014.00728.
11. Immordino-Yang, M. H., Yang, X.-F., & Damasio, H. (2016). Cultural modes of expressing emotion influence how emotions are experienced. Emotion, 16(7), 1033–1039. https://doi.org/10.1007/128.
12. Ma, Y., Wang, C., & Han, S. (2011). Neural responses to perceived pain in others predict real-life monetary donations in different socioeconomic contexts. NeuroImage, 57(3), 1273–1280. https://doi.org/10.1016/j.neuroimage.2011.05.003.
13. Masuda, T., Russell, M. J., Chen, Y. Y., Hioki, K., & Caplan, J. B. (2014). N400 incongruity effect in an episodic memory task reveals different strategies for handling irrelevant contextual information for Japanese than European Canadians. Cognitive Neuroscience, 5(1), 17–25. https://doi.org/10.1080/17588928.2013.831819.
14. Jiang, C., Varnum, M. E. W., Hou, Y., & Han, S. (2014). Distinct effects of self-construal priming on empathic neural responses in Chinese and Westerners. Social Neuroscience, 9(2), 130–138.
15. Na, J., & Kitayama, S. (2011). Spontaneous trait inference is culture-specific: Behavioral and neural evidence. Psychological Science, 22(8), 1025–1032. https://doi.org/10.1177/0956797611414727.
16. Park, J., & Kitayama, S. (2014). Interdependent selves show face-induced facilitation of error processing: Cultural neuroscience of self-threat. Social Cognitive and Affective Neuroscience, 9(2), 201–208. https://doi.org/10.1093/scan/nss125.
17. Varnum, M. E. W., Na, J., Murata, A., & Kitayama, S. (2012). Social class differences in N400 indicate differences in spontaneous trait inference. Journal of Experimental Psychology: General, 141(3), 518–526. https://doi.org/10.1037/a0026104.
18. Kitayama, S., Yanagisawa, K., Ito, A., Ueda, R., Uchida, Y., & Abe, N. (2017). Reduced orbitofrontal cortical volume is associated with interdependent self-construal. Proceedings of the National Academy of Sciences, 114(30), 201704831. https://doi.org/10.1073/pnas.1704831114.
19. Wang, F., Peng, K., Chechlacz, M., Humphreys, G. W., & Sui, J. (2017). The neural basis of orienting independence vs. interdependence: A voxel-based morphometric analysis of brain volume. Psychological Science, 28(4), 519–529.
20. Gross, J. J., & Levenson, R. W. (1993). Emotional suppression: Physiology, self-report, and expressive behavior. Journal of Personality and Social Psychology, 64(6), 970–986.
21. Driscoll, D., Tranel, D., & Anderson, S. W. (2009). The effects of voluntary regulation of positive and negative emotion on psychophysiological responsiveness. International Journal of Psychophysiology, 72(1), 61–66. https://doi.org/10.1016/j.ijpsycho.2008.03.012.
22. Banks, S. J., Eddy, K. T., Angstadt, M., Nathan, P. J., & Luan Phan, K. (2007). Amygdala-frontal connectivity during emotion regulation. Social Cognitive and Affective Neuroscience, 2(4), 303–312. https://doi.org/10.1093/scan/nsm029.

23. Ochsner, K. N., Bunge, S. A., Gross, J. J., & Gabrieli, J. D. E. (2002). Rethinking feelings: An fMRI study of the cognitive regulation of emotion. Journal of Cognitive Neuroscience, 14(8), 1215–1229. https://doi.org/10.4324/9780203496190.

24. Wager, T. D., Davidson, M. L., Hughes, B. L., Lindquist, M. A., & Ochsner, K. N. (2008). Prefrontal-subcortical pathways mediating successful emotion regulation. Neuron, 59(6), 1037–1050. https://doi.org/10.1016/j.neuron.2008.09.006.

25. Ohira, H., Nomura, M., Ichikawa, N., Isowa, T., Iidaka, T., Sato, A., et al. (2006). Association of neural and physiological responses during voluntary emotion suppression. NeuroImage, 29(3), 721–733. https://doi.org/10.1016/j.neuroimage.2005.08.047.

26. Murata, A., Moser, J. S., & Kitayama, S. (2013). Culture shapes electrocortical responses during emotion suppression. Social Cognitive and Affective Neuroscience, 8(5), 595–601. https://doi.org/10.1093/scan/nss036.

27. Hechtman, L., Raila, H., Chiao, J., & Gruber, J. (2013). Positive emotion regulation and psychopathology: A transdiagnostic cultural neuroscience approach. Journal of Experimental Psychopathology, 4(5), 502–528. https://doi.org/10.5127/jep.030412.

28. Brasseur, S., Grégoire, J., Bourdu, R., & Mikolajczak, M. (2013). The profile of emotional competence (PEC): Development and validation of a self-reported measure that fits dimensions of emotional competence theory. Plos One, 8(5), e62635.

29. Heine, S. J. (2016). Cultural psychology (3rd ed.). New York: W. W. Norton & Company.

30. Shao, B., Doucet, L., & Caruso, D. R. (2015). Universality versus cultural specificity of three emotion domains: Some evidence based on the cascading model of emotional intelligence. Journal of Cross-Cultural Psychology, 46(2), 229–251.

31. Rarick, C., & Nickerson, I. (2006). An exploratory study of Myanmar culture using Hofstede's value dimensions. Paper presented at the 2006 AIB-Southeast Asia Division Conference, Bangkok, Thailand: SSRN Electronic Journal. https://doi.org/10.2139/ssrn.1114625.

32. Ryan, R. M., & Deci, E. L. (2017). Self-determination theory: Basic psychological needs in motivation, development, and wellness. New York: Guilford Press.

33. Ryan, R. M., Deci, E. L., Grolnick, W. S., & La Guardia, J. G. (2006a). The significance of autonomy and autonomy support in psychological development and psychopathology. In D. Cicchetti & D. J. Cohne (Eds.), Developmental psychopathology (Vol. 1, pp. 795–849). Hoboken, NJ: Wiley.

34. Ryan, R. M., Huta, V., & Deci, E. L. (2006b). Living well: a self-determination theory perspective on eudaimonia. Journal of Happiness Studies, 9, 139–170. https://doi.org/10.1007/s10902-006-9023-4.

35. Butler, E. A., Lee, T. L., & Gross, J. J. (2007). Emotion regulation and culture: Are the social consequences of emotion suppression culture-specific? Emotion, 7(1), 30–48. https://doi.org/10.1037/1528-3542.7.1.30.

36. Soto, J. A., Perez, C. R., Kim, Y. H., Lee, E. A., & Minnick, M. R. (2011). Is expressive suppression always associated with poorer psychological functioning? A cross-cultural comparison between European Americans and Hong Kong Chinese. Emotion, 11(6), 1450–1455. https://doi.org/10.1037/a0023340.

37. Gross, J. J. (1998a). Antecedent- and response-focused emotion regulation: Divergent consequences for experience, expression, and physiology. Journal of Personality and Social Psychology, 74, 224–237. https://doi.org/10.1037/0022-3514.74.1.224.

38. Roth, G., Benita, M., Amrani, C., Shachar, B.-H., Asoulin, H., Moed, A., … Kanat-Maymon, Y. (2014). Integration of negative emotional experience versus suppression: Addressing the question of adaptive functioning. Emotion, 14, 908–919. https://doi.org/10.1037/a0037051.

39. Benita, M., Levkovitz, T., & Roth, G. (2017). Integrative emotion regulation predicts adolescents' prosocial behavior through the mediation of empathy. Learning and Instruction, 50, 14–20. https://doi.org/10.1016/j.learninstruc.2016.11.004.

40. John, O. P., & Gross, J. J. (2004). Healthy and unhealthy emotion regulation: Personality processes, individual differences, and life span development. Journal of Personality, 72, 1301–1334. https://doi.org/10.1111/j.1467-6494.2004.00298.x.

41. Gross, J. J. (1998). The emerging field of emotion regulation: An integrative review. Review of General Psychology, 2(5), 271–299. https://doi.org/10.1037/1089-2680.2.3.271.

42. Gross, J. J., & John, O. P. (2003). Individual differences in two emotion regulation processes: Implications for affect, relationships, and well-being. Journal of Personality and Social Psychology, 85(2), 348–362. https://doi.org/10.1037/0022-3514.85.2.348.

43. Roth, G., Shachar, B. H., Zohar-Shefer, Y., Benita, M., Moed, A., Bibi, U., … Ryan, R. M. (2018). Benefits of emotional integration and costs of emotional distancing. Journal of Personality, 86, 919–934. https://doi.org/10.1111/jopy.12366.

44. Roth, G., Assor, A., Niemiec, C. P., Ryan, R. M., & Deci, E. L. (2009). The emotional and academic consequences of parental conditional regard: Comparing conditional positive regard, conditional negative regard, and autonomy support as parenting practices. Developmental Psychology, 45, 1119.

45. Roth, G., & Assor, A. (2012). The costs of parental pressure to express emotions: Conditional regard and autonomy support as predictors of emotion regulation and intimacy. Journal of Adolescence, 35, 799–808. https://doi.org/10.1016/j.adolescence.2011.11.005.

46. Chen, B., Vansteenkiste, M., Beyers, W., Soenens, B., & Van Petegem, S. (2013). Autonomy in family decision making for Chinese adolescents: Disentangling the dual meaning of autonomy. Journal of Cross-Cultural Psychology, 44(7), 1184–1209. https://doi.org/10.1177/0022022113480038.

47. Haerens, L., Aelterman, N., Vansteenkiste, M., Soenens, B., & Van Petegem, S. (2015). Do perceived autonomy-supportive and controlling teaching relate to physical education students' motivational experiences through unique pathways? Distinguishing between the bright and dark side of motivation. Psychology of Sport & Exercise, 16, 26–36. https://doi.org/10.1016/j.psychsport.2014.08.013.

48. Weinstein, N., & Ryan, R. M. (2010). When helping helps: Autonomous motivation for prosocial behavior and its influence on well-being for the helper and recipient. Journal of Personality and Social Psychology, 98(2), 222–244. https://doi.org/10.1037/a0016984.

49. Hofstede, G. (2011). Dimensionalizing cultures: The Hofstede model in context. Online Readings in Psychology and Culture, 2(1). https://doi.org/10.9707/2307-0919.1014.

50. Matsumoto, D. (2007). Individual and cultural differences on status differentiation: The status differentiation scale. Journal of Cross-Cultural Psychology, 38, 413–431. https://doi.org/10.1177/0022022107302311.

51. Matsumoto, D., Yoo, S. H., & Fontaine, J. (2008). Mapping expressive differences around the world. Journal of Cross-Cultural Psychology, 39(1), 55–74. https://doi.org/10.1177/0022022107311854.

52. Matsumoto, D., Yoo, S. H., & Nakagawa, S., Multinational Study of Cultural Display Rules. (2008). Culture, emotion regulation, and adjustment. Journal of Personality and Social Psychology, 94(6), 925–937. https://doi.org/10.1037/0022-3514.94.6.925.

53. Tsai, W., & Lu, Q. (2018). Culture, emotion suppression and disclosure, and health. Social and Personality Psychology Compass, 12, e12373. https://doi.org/10.1111/spc3.12373.

54. Hampton, R.S., Varnum, M.E.W. The cultural neuroscience of emotion regulation. Cult. Brain 6, 130–150 (2018). https://doi.org/10.1007/s40167-018-0066-2

55. Min, M., Takai, J. The effect of emotional competence on relational quality: Comparing Japan and Myanmar. Curr Psychol 40, 782–792 (2021). https://doi.org/10.1007/s12144-018-0002-9

56. Benita, M., Benish-Weisman, M., Matos, L. *et al.* Integrative and suppressive emotion regulation differentially predict well-being through basic need satisfaction and frustration: A test of three countries. *Motiv Emot* **44**, 67–81 (2020). https://doi.org/10.1007/s11031-019-09781-x

57. Zentner, K. E., Lee, H., Dueck, B. S., & Masuda, T. (2022). Cultural and gender differences in social anxiety: The mediating role of self-construals and gender role identification. *Current Psychology*, 1-12.

58. Min, M.C., Islam, M.N., Wang, L. *et al.* Cross-cultural comparison of university students' emotional competence in Asia. *Curr Psychol* **40**, 200–212 (2021). https://doi.org/10.1007/s12144-018-9918-3

59. Riany, Y.E., Haslam, D.M. & Sanders, M. Parental Mood, Parenting Style and Child Emotional and Behavioural Adjustment: Australia-Indonesia Cross-Cultural Study. *J Child Fam Stud* **31**, 2331–2343 (2022). https://doi.org/10.1007/s10826-021-02137-5

Umgang mit Emotionsproblemen: wo sich klinische Psychologie und interkulturelle Psychologie treffen

5

Thu Trang Vu, Dung Vu und Thi Mai Lan Nguyen

Schlüsselwörter

Multikulturellen Therapie · Kulturelle Kompatibilität · Machtasymmetrie · Aufgabenanalyse · Soziokulturelle Einstimmung

Wenn Menschen sich von ihren Gefühlen überwältigt fühlen, ist eine Therapie eine Möglichkeit, sie bei der Bewältigung ihrer emotionalen Probleme zu unterstützen. Der Erfolg der Therapie hängt von der Fähigkeit des Therapeuten ab, die Emotionen des Klienten zu erfassen, zu verstehen und sich in sie einzufühlen und den Klienten beim Umgang mit seinen Emotionen zu unterstützen. In den vorangegangenen Kapiteln haben wir die kulturellen Gemeinsamkeiten und Unterschiede bei der Erkennung, dem Ausdruck und der Regulierung von Emotionen erörtert. Solche kulturellen Unterschiede können sich auf die Fähigkeit von Therapeuten auswirken, Klienten aus fremden Kulturkreisen zu unterstützen. Außerdem hat die klinische Psychologie ihre Wurzeln in der westlichen Kultur. Wenn also eine Therapie mit Klienten mit nicht-westlichem Hintergrund oder von nicht-westlichen Therapeuten durchgeführt wird, ist eine kulturelle Anpassung erforderlich. Dieses Kapitel befasst sich mit Studien über multikulturelle Therapie. Insbesondere geht es um Probleme, denen Therapeuten während einer multikulturellen Therapie begegnen

T. T. Vu (✉)
Faculty of Psychology and Education, Hanoi National University of Education, Hanoi, Vietnam
E-Mail: trangvt@hnue.edu.vn

D. Vu · T. M. L. Nguyen
Institute of Psychology, Hanoi, Vietnam

T. T. Vu et al. (Hrsg.), *Emotionen in der interkulturellen Psychologie*,
https://doi.org/10.1007/978-3-658-39458-5_5

können, und um Praktiken, auf die sich Institutionen stützen können, um die kulturelle Sensibilität der Therapeuten zu erhöhen.

In Studien wurden viele Hindernisse für eine multikulturelle Therapie aufgeführt. Kim-Goh, Choi und Yoon (34) wiesen darauf hin, dass neben der Sprache und der sprachlichen Kompatibilität auch die kulturelle Kompatibilität und der bevorzugte Problemlösungsstil des Klienten (der in der Regel durch seine Kultur beeinflusst ist) eine wichtige Rolle spielen. Tsang, Bogo und Lee (35) stellten fest, dass Therapeuten, möglicherweise aufgrund kultureller Inkompatibilität, nicht angemessen auf die von den Klienten angesprochenen kulturellen Inhalte reagieren können. Solche Barrieren, von Lee (36) als „Brüche" bezeichnet, wirken sich negativ auf die während der Therapie erforderliche therapeutische Allianz aus. Wenn interkulturelle Missverständnisse bestehen, ist es für Klienten schwieriger, sich in der Therapie engagiert zu fühlen, in sie hineinzufinden und Vertrauen zum Therapeuten aufzubauen, was sich wiederum auf das Therapieergebnis auswirkt. Shah (37) wies auf kulturelle Fehler hin, die entstehen, wenn Therapeuten/Mental Health Supporter westliche Standards und Interventionen auf nicht-westliche Kontexte anwenden. Als kulturelle Außenseiter könnten Therapeuten/Mental Health Supporter Interventionen wählen, die der Gemeinschaft/den einzelnen Klienten tatsächlich Schaden zufügen und damit ethische Standards verletzen. Die Therapeuten und ihre Klienten sind sich dieser Schäden aufgrund der Machtasymmetrie möglicherweise gar nicht bewusst: Westliche Interventionen gelten als evidenzbasiert und zuverlässig, und westliche Therapeuten (insbesondere weiße männliche Fachkräfte) werden als sachkundig und erfolgreich wahrgenommen. Diese Akzeptanz der Machtasymmetrie macht die Therapeuten blind für mögliche kulturübergreifende Missverständnisse.

Um diese Hindernisse zu überwinden, wurde das interkulturelle Verständnis als Lösung zur Unterstützung der Therapeuten angeboten. Die interkulturelle Psychologie wird nicht als Denkschule in der Therapie betrachtet, sondern als eine Fähigkeit bzw. ein Wissen, das Therapeuten, insbesondere diejenigen, die mit Klienten aus anderen Kulturkreisen arbeiten, erwerben müssen, um die Wirksamkeit der Therapie zu gewährleisten. Um Therapeuten zu helfen, ihr interkulturelles Verständnis zu verbessern, wurden einige Praktiken vorgeschlagen. Lee (36) schlug eine Aufgabenanalyse vor: Therapeuten sollten sich Veränderungen während der Therapie ansehen und kulturübergreifende Faktoren erkennen, die zu Brüchen während der Therapie beitragen könnten, und sich dann darauf konzentrieren, die kulturübergreifenden Missverständnisse zu beheben. Pandit et al. (38) betonten die soziokulturelle Einstimmung: Sobald sich Therapeuten der Rolle des soziokulturellen Kontextes des Klienten bei der Entstehung der emotionalen Probleme des Klienten bewusst werden, können sie sensibler für die gesellschaftlichen Diskurse des Klienten und den soziokulturellen Kontext seiner Emotionen sein. Gleichzeitig betonten Pandit et al., dass es nicht ausreicht, sich des Ansatzes bewusst zu sein, sondern dass Therapeuten bei der Ausübung der soziokulturellen Einfühlung eine gezielte Reflexion durchführen müssen. Shah (37) schlug einen Pushback von Klienten als eine Möglichkeit vor, dem Therapeuten ein Feedback über die kulturelle Eignung der Intervention zu geben. Um Pushback in einem machtasymmetrischen Kontext zu fördern, muss der Therapeut aktiv zu Pushbacks von Klienten einladen.

In Kap. 5 enthaltene Veröffentlichungen

Kulturell angepasste Beratung für asiatische Amerikaner: Klinikerperspektiven | DOI: https://doi.org/10.1007/s10447-014-9226-z

Engagement in der kulturübergreifenden klinischen Praxis: Narrative Analysis of First Sessions | DOI: https://doi.org/10.1007/s10615-010-0265-6

Ein Arbeitsmodell für die kulturübergreifende klinische Praxis (CCCP) | DOI: https://doi.org/10.1007/s10615-011-0360-3

Ethische Standards für transnationale psychische Gesundheit und psychosoziale Unterstützung (MHPSS): Do No Harm, Vermeidung kulturübergreifender Fehler und Einladung zum Pushback | DOI: https://doi.org/10.1007/s10615-011-0348-z

Soziokulturelle Einstimmung praktizieren: Eine Studie über Paartherapeuten | DOI: https://doi.org/10.1007/s10591-014-9318-2

Kulturell angepasste Beratung für asiatische Amerikaner: Kliniker-Perspektiven

DOI: https://doi.org/10.1007/s10447-014-9226-z

Kurzfassung – Zusammenfassung

Die Forschung hat immer wieder festgestellt, dass bei asiatischen Amerikanern akute Ungleichheiten in der psychischen Behandlung bestehen.

Ein Grund für die unzureichende Inanspruchnahme psychosozialer Dienste durch asiatische Amerikaner ist, dass die verfügbaren Dienste nicht kulturell kompetent sind.

Diese explorative Studie präsentiert qualitative Daten, die aus Interviews mit professionellen Beratern, die asiatisch-amerikanische Klienten betreuen, gewonnen wurden.

Einführung

Die Forschung hat gezeigt, dass kulturell angepasste psychosoziale Dienste, die eine ethnische, geschlechtsspezifische und sprachliche Abstimmung zwischen Klienten und Beratern beinhalten, zu besseren Ergebnissen für asiatische Amerikaner führen als Dienste, die nicht kulturell angepasst sind (Sue u. a. 1).

Angesichts der rasch wachsenden Zahl asiatischer Einwanderer in den USA und anderswo sowie der bestehenden ethnischen Ungleichheiten in der psychiatrischen Behandlung wird kulturelle Kompetenz bei den Anbietern psychosozialer Dienste nicht nur als wichtig in der Praxis angesehen, sondern von einer wachsenden Zahl helfender Berufe zu einem ethischen Auftrag erhoben (Sue u. a. 2).

Diese Studie konzentrierte sich auf die Barrieren, die der Beratung asiatischer Migranten im Wege stehen, auf die Konzepte der Kliniker für kulturelle Kompetenz und auf die Frage, wie erfahrene Fachkräfte im Bereich der psychischen Gesundheit ihre Dienste an die besonderen Bedürfnisse asiatisch-amerikanischer Klienten anpassen.

Methode

Die Stichprobe bestand aus 25 Fachleuten für psychische Gesundheit in Südkalifornien, die in den letzten drei Jahren asiatisch-amerikanische Klienten behandelt hatten.

Nach der Genehmigung durch den institutionellen Prüfungsausschuss wurden mehrere große psychosoziale Einrichtungen kontaktiert, die asiatisch-amerikanische Klienten betreuen.

Die potenziellen Teilnehmer wurden über das Forschungsprojekt informiert, einschließlich des Zwecks der Studie, der Vertraulichkeit, der potenziellen Risiken und Vorteile sowie der Zulassungskriterien (d. h. psychosoziale Fachkräfte, die in den letzten drei Jahren mit asiatisch-amerikanischen Klienten gearbeitet haben).

Die Teilnehmer wurden zu ihren Erfahrungen in der Arbeit mit asiatisch-amerikanischen Klienten befragt, einschließlich der Hindernisse und Möglichkeiten, ihrer Sichtweise einer kulturell kompetenten psychischen Gesundheitspraxis und Fallbeispielen, die zeigten, wie sie die kulturellen Werte asiatisch-amerikanischer Klienten in ihrer Praxis berücksichtigen.

Als klinische Sozialarbeiterin verfügt die Erstautorin über langjährige Beratungserfahrung in der Arbeit mit asiatisch-amerikanischen Klienten und deren Familien.

Ergebnisse

Nach Ansicht vieler Teilnehmer stellen Sprachbarrieren eine der größten Herausforderungen bei der Bereitstellung einer wirksamen psychosozialen Versorgung für asiatische Zuwanderer dar.

Nach Ansicht mehrerer Berater ist die sprachliche und kulturelle Kompatibilität ein entscheidender Faktor für Beratungsfachkräfte, um eine vertrauensvolle Beziehung zu asiatisch-amerikanischen Klienten und ihren Familienmitgliedern aufzubauen.

Mehrere Therapeuten brachten zum Ausdruck, dass asiatisch-amerikanische Klienten in der psychiatrischen Behandlung oft einen direkteren, konkreteren und mehr problemlösenden Ansatz bevorzugen als eine einsichtsorientierte Therapie.

Bei der Arbeit mit asiatisch-amerikanischen Klienten achte ich sehr auf deren kulturellen Hintergrund. Bei der Aufnahme und in den ersten Sitzungen sammle ich viele Informationen über den familiären Hintergrund: Kennen sie ihre Einwanderungsgeschichte? Wie wichtig ist ihnen ihre kulturelle Identität? Ich achte darauf, ob diese Themen für die Klienten von Bedeutung sind oder nicht.

Diskussion

Die Ergebnisse deuten darauf hin, dass asiatisch-amerikanische Klienten mit verschiedenen Hindernissen konfrontiert sind, wenn es darum geht, eine wirksame psychosoziale Versorgung einzuleiten und in Anspruch zu nehmen.

Die Anbieter schlugen nicht vor, einen einheitlichen klinischen Ansatz für alle asiatischen Gruppen oder für mehrere Generationen dieser Gruppe zu verwenden; vielmehr waren sie sich der Vielfalt innerhalb der asiatisch-amerikanischen Kundengruppen bewusst und stimmten ihre psychischen Gesundheitsdienste auf die besonderen Bedürfnisse ihrer Kunden ab.

Fortbildungen, die ein Gleichgewicht zwischen kulturellem Wissen und kommunikativen Fähigkeiten herstellen, wären für alle Beraterinnen und Berater hilfreich, die sich der Herausforderung stellen, eine wirksame psychosoziale Versorgung für Klientinnen und Klienten mit kultureller Vielfalt zu gewährleisten. Diese Fortbildungen könnten z. B. das Erkennen und Verhandeln unterschiedlicher Kommunikationsstile, das Verstehen kultureller Unterschiede in der Ausprägung von Symptomen und Behandlungsreaktionen sowie der Rolle der Familie im therapeutischen Prozess umfassen.

Künftige Studien könnten qualitative und quantitative Untersuchungen der Ansichten und Erfahrungen asiatisch-amerikanischer Klienten und ihrer Familien umfassen, die sich im Geflecht komplexer psychosozialer Versorgungssysteme zurechtfinden müssen.

Danksagung

Eine maschinell erstellte Zusammenfassung, basierend auf der Arbeit von Kim-Goh, Mikyong; Choi, Hyunmi; Yoon, Myeong Sook
2014 in International Journal for the Advancement of Counselling

Engagement in der interkulturellen klinischen Praxis: Narrative Analyse der ersten Sitzungen

DOI: https://doi.org/10.1007/s10615-010-0265-6

Kurzfassung – Zusammenfassung

Auf der Grundlage einer größeren Prozess-Ergebnis-Studie zur kulturübergreifenden klinischen Praxis konzentriert sich dieser Bericht auf den Prozess der Bindung zwischen Klient und Therapeut während der ersten Sitzung in der kulturübergreifenden Therapie.

Die Fälle repräsentieren eine große Vielfalt an ethnisch-kulturellen Unterschieden zwischen Klienten und Therapeuten.

Die Interaktionsprozesse zwischen Klient und Praktiker wurden einer komplexen Kodierung und Prozessanalyse unterzogen, die einer narrativen Forschungsstrategie folgte, um Muster zu entdecken, die mit einem positiven interkulturellen Engagement verbunden sind.

Therapeutische Allianz und der Engagementprozess

Es erscheint sinnvoll, den Einstellungsprozess getrennt von der Allianz zu untersuchen, da er (1) einen spezifischen Zeitrahmen hat, (2) einen signifikanten Einfluss auf das Therapieergebnis hat und (3) einen klinischen Einfluss auf den Abschluss und den vorzeitigen Abbruch der Behandlung hat.

Engagement wird als der Prozess verstanden, durch den Klient und Therapeut ein gemeinsames Interaktionsmuster aushandeln, das die zukünftige Zusammenarbeit bei therapeutischen Aufgaben erleichtern kann (Tsang & Bogo 3).

Wenn man das Engagement als eine der wichtigsten klinischen Aufgaben in der ersten Phase der Entwicklung einer positiven therapeutischen Beziehung betrachtet, ist es von Interesse, die Rolle zu untersuchen, die die Unterschiede zwischen Klient und Therapeut in Bezug auf ethnische Zugehörigkeit und Kultur in diesem Prozess spielen.

Um diese kritische Lücke in der kulturübergreifenden klinischen Forschung zu schließen, haben wir eine naturalistische Prozess-Ergebnis-Forschungsstrategie angewandt, um die tatsächliche Dynamik und die Muster der Interaktionen zwischen Klient und Therapeut im Einstellungsprozess der kulturübergreifenden Praxis so genau wie möglich zu identifizieren.

Veränderungsprozesse in der kulturübergreifenden klinischen Praxis

Jede Klienten-Praktiker-Dyade durchläuft wahrscheinlich unterschiedliche Wege der Veränderung, selbst wenn die Therapie innerhalb eines bestimmten Modells durchgeführt wird (Hardy u. a. 4; Hoffart 5).

Wir sehen die Klienten nicht als passive Empfänger einer klinischen Behandlung, die sich durch die Interventionen des Therapeuten verändern.

Die Analyse der Veränderungsprozesse ist daher nicht einem Kausalitätsparadigma verpflichtet, das behauptet, dass die Veränderung des Klienten das Ergebnis der Intervention des Praktikers ist.

Wir glauben, dass Veränderungen durch die Interaktion zwischen Klient und Therapeut entstehen, wobei der Klient ein aktiver Teil dieses Prozesses ist und zum Ergebnis beiträgt.

Forschungsfragen

Ausgehend von einem solchen Verständnis liegt der Schwerpunkt des vorliegenden Berichts auf den interaktiven Prozessen zwischen Klient und Praktiker.

Ohne davon auszugehen, dass alle Klienten-Praktiker-Dyaden genau die gleiche Abfolge von klinischen Ereignissen durchlaufen, ist es unser Ziel, Moment-für-Moment-Interaktionen (Stiles & Shapiro 6) zu identifizieren, die zu einem positiven Engagement beitragen, wobei wir besonders darauf achten, wie die Unterschiede zwischen Klienten und Praktikern ausgehandelt werden. Und (2) wie verhandeln Klient/Praktiker ethnische und/oder kulturelle Gemeinsamkeiten/Unterschiede während des Engagementprozesses?

Methode

Verwendet wurde der Client Expectation Questionnaire (CEQ; Tsang u. a. 7) zur Messung der subjektiven Erwartungen der Klienten an die Behandlung (z. B. Dauer und Ergebnis) und an ihre Therapeuten (z. B. Geschlecht, ethnokultureller Hintergrund und berufliche Qualitäten). Die kulturübergreifenden Dyaden wurden von humanitären Einrichtungen rekrutiert, die in Toronto Therapie- oder Beratungsdienste anbieten.

Nach dem oben beschriebenen Verfahren des unabhängigen Lesens und der anschließenden gemeinsamen Sitzungsbesprechung bewerteten die Autoren die Reaktionen der Therapeuten im Hinblick auf (1) unmittelbare Auswirkungen auf den Erzählprozess, wie z. B. das Verschließen oder Erweitern des Erzählraums für den Klienten, um mehr Informationen preiszugeben oder Themen weiter zu erforschen; (2) emotionales Engagement im Sinne der Vermittlung von empathischem Verständnis, Respekt, Akzeptanz oder Unterstützung; (3) Auswirkungen während der Sitzung, wie z. B. das Aufgreifen eines Themas oder einer Thematik durch den Klienten zu einem späteren Zeitpunkt in der Sitzung, was zu einer weiteren Erkundung, dem Erkennen von Zusammenhängen und der Annahme neuer Rahmen oder Perspektiven durch den Klienten führt.

Fundstücke

In den Fällen mit positivem Ergebnis gab es auffallende Unterschiede in der Zeit des ersten Gesprächs, die der Praktiker benötigte, um die Bedenken des Klienten zu erkennen und dieses Verständnis zu vermitteln.

Im Hinblick auf die zweite Forschungsfrage waren wir daran interessiert, zu verstehen, wie die Unterschiede zwischen Klienten und Beratern in Bezug auf ethnische Zugehörigkeit und Kultur von den Beratern im Rahmen des Einstellungsprozesses berücksichtigt wurden.

Die Reaktionen der Praktiker auf die vom Klienten präsentierten kulturellen Inhalte unterschieden jedoch die Fälle mit positivem Ergebnis von denen mit negativem.

In einem der Fälle mit negativem Ausgang, bei dem eine Frau mit europäischem Hintergrund von einem Therapeuten chinesischer Herkunft behandelt wurde, brachte die Klientin verinnerlichte Aspekte ihrer kulturellen Erfahrung in ihren Antworten auf die Fragen des Therapeuten zu ihrer persönlichen und familiären Geschichte zum Ausdruck.

Diskussion

Während unsere Ergebnisdarstellung die Arbeit an der Vermittlung des kognitiven Verständnisses der Bedürfnisse und Anliegen des Kunden, das emotionale Eingehen und den angemessenen Umgang mit spezifischen kulturellen Erfahrungen trennt, konnten wir in den tatsächlichen Gesprächen eine stärker integrierte Praxis beobachten.

All diese Maßnahmen wirken zusammen, um einen offenen narrativen Raum aufrechtzuerhalten, der es den Klienten erleichtert, ihre Ansichten und Erfahrungen zu reflektieren, zu artikulieren und mitzuteilen, insbesondere in Bezug auf ihre vorherrschenden Bedürfnisse und Anliegen sowie ihre unterschiedlichen kulturellen Realitäten.

In den Fällen mit negativem Ergebnis hingegen stellten wir eine höhere Häufigkeit der Suche nach sachlichen Informationen, einen abrupten Themenwechsel, einen mangelnden Bezug zu den emotionalen Inhalten des Kunden und das Versäumnis fest, relevante kulturelle Erfahrungen aus der Sicht des Kunden anzusprechen.

Dieser narrative Raum ist durch eine emotionale Einstimmung auf den Praktiker gekennzeichnet, die das Gefühl der Klienten stärkt, dass sie trotz der Unterschiede in Kultur, Identität und sozialer Lage richtig verstanden, umsorgt und geschätzt werden (Keenan u. a. 8; Seeley 9).

Schlussfolgerung

Während die ursprüngliche Studie darauf abzielt, mehrere Forschungsmethoden zu integrieren (Tsang 10; Tsang und andere 11), legt der vorliegende Bericht den Schwerpunkt auf eine narrative Analysemethode, die sich auf die unmittelbare Praxis stützt und darauf abzielt, Ergebnisse zu erzielen, die für den Praktiker unmittelbar relevant sind.

Wir sind uns bewusst, dass eine solche praxisorientierte naturalistische Untersuchung ihre eigenen Grenzen hat, da wir eine relativ kleine nicht-probabilistische Stichprobe verwenden und das Verfahren der narrativen Analyse die subjektive Beobachtung und Interpretation der Forscher beinhaltet.

Das naturalistische Design offenbart die Komplexität der Identitätsunterschiede zwischen Klienten und Therapeuten, die oft über die ethnische Zugehörigkeit und die Kultur hinausgehen und zahlreiche Faktoren wie Geschlecht, sexuelle Orientierung, Alter und Generation, Religion, ländlicher und städtischer Kontext, Lebensstil und subkulturelle Systeme, wie die Straßenkinderkultur, umfassen.

Individuelle Unterschiede und die verinnerlichte Kultur sind wichtige Realitäten in unserer Analyse, während solche Identitäten und kulturellen Realitäten am besten mit Bezug auf die Bedürfnisse und Anliegen des Kunden verstanden werden.

Danksagung

Eine maschinell erstellte Zusammenfassung, basierend auf der Arbeit von Tsang, A. Ka Tat; Bogo, Marion; Lee, Eunjung
2010 im Clinical Social Work Journal

Ein Arbeitsmodell für die kulturübergreifende klinische Praxis (CCCP)

DOI: https://doi.org/10.1007/s10615-011-0360-3

Kurzfassung – Zusammenfassung

Die seit langem bestehende Kluft zwischen klinischer und kultureller Praxis kann dazu führen, dass sich Kliniker mit der Aufgabe überfordert fühlen, die klinische Praxis mit einem kultursensiblen Ansatz zu verbinden und gleichzeitig auf Veränderungen im Leben der Kunden hinzuarbeiten.

Unter Verwendung des Ansatzes der Aufgabenanalyse in der Allianzforschung (Safran u. a. 13) wird in diesem Artikel die Entwicklung der interkulturellen klinischen Praxis erörtert und ein detailliertes Arbeitsmodell für ihre mögliche Anwendung vorgeschlagen.

Außerdem werden die Grenzen und Auswirkungen des Modells auf die Praxis der klinischen Sozialarbeit beschrieben.

Literaturübersicht über Praxisleitlinien und Modelle für die kulturübergreifende klinische Praxis

Eine Literaturübersicht über Leitlinien und Modelle für die kulturübergreifende Praxis zeigt, dass die Herausforderungen weiter zunehmen und die Notwendigkeit besteht, zu klären, „was und wie es zu tun ist", damit Kliniker sich besser auf kulturell unterschiedliche Klienten einlassen, sie ermutigen können, länger in der Therapie zu bleiben, und die Zufriedenheit mit der Behandlung in der kulturübergreifenden klinischen Praxis fördern können (Worthington und andere 12).

Ein Teil der Schwierigkeit besteht darin, dass sie nur partielle Vorschläge liefern und kein umfassendes Praxismodell, das ein Kliniker befolgen könnte, um gute therapeutische Beziehungen und anschließende Therapieveränderungen in interkulturellen Dyaden zu fördern.

Das dritte Modell, das Prozessmodell, legt den Schwerpunkt auf einen klinischen Prozess zwischen Klient und Therapeut in der kulturübergreifenden Behandlung.

Obwohl diese von Dungee-Anderson und Beckett (14) sowie Mishne (15) vorgeschlagenen Prozessmodelle klinisch fundierte Ansätze für die kulturübergreifende Praxis bieten, wurde kaum eine Verbindung zu empirischen Belegen erwähnt.

Brüche und Reparaturen von Allianzen in der kulturübergreifenden klinischen Praxis

Es scheint von entscheidender Bedeutung zu sein, in der Anfangsphase der kulturübergreifenden klinischen Praxis auf einen Prozess des Bruchs und der Wiederherstellung von Allianzen zu achten, um positive Ergebnisse und bessere Behandlungserfahrungen für Klienten zu maximieren, die eine Therapie mit kulturell unterschiedlichen Klinikern beginnen.

Dies ist zwar nur ein kurzes und vereinfachtes Beispiel für den Bruch eines kulturellen Bündnisses, aber es verdeutlicht die klinischen Schwierigkeiten bei der Aushandlung von Zielen und Aufgaben zwischen Klienten und Klinikern, wenn diese unterschiedliche Auffassungen darüber haben, wie die vorliegenden Probleme in der kulturübergreifenden klinischen Praxis zu verstehen und anzugehen sind (Lee 16; Tsang et al., 35).

Keenan und andere (8) erörtern Missverständnisse und Fehlanpassungen, die in der Anfangsphase der kulturübergreifenden klinischen Praxis auftreten, und kommen zu dem Schluss, dass Kliniker ein Praxismodell benötigen, das ihnen hilft, Bündnisbrüche im Einstellungsprozess zu verstehen, um die Auswahl von Reaktionsfähigkeiten und -techniken in der kulturübergreifenden klinischen Praxis zu steuern.

Aufgabenanalyse

Die Aufgabenanalyse besteht aus „einer Kombination von entdeckungs- und überprüfungsorientierten Strategien" und verwendet „sowohl intensive als auch extensive analytische Verfahren, um ein Modell des Veränderungsprozesses für ein bestimmtes Psychotherapieereignis zu entwickeln" (Safran u. a. 13, S. 227).

Der aufgabenanalytische Ansatz achtet auf den therapeutischen Veränderungsprozess, insbesondere auf „signifikante Momente", „kritische Vorfälle", „Wendepunkte" und „Marker", die zu klinisch nützlichen Informationen für Kliniker führen.

Ein prozessorientierter und auf die eigentliche Therapie ausgerichteter aufgabenanalytischer Ansatz scheint für die Entwicklung eines kulturübergreifenden klinischen Praxismodells gut geeignet zu sein.

Der Ansatz (1) entwickelt ein vorläufiges rationales Modell; (2) wählt signifikante Ereignisse aus; (3) analysiert empirisch (unter Verwendung konvergierender Messungen, um die Komplexität des Prozesses zu identifizieren); (4) entwickelt ein empirisches Modell (die kognitive Landkarte eines Forschers zur Entdeckung von Mustern, die von Interesse sind); (5) führt eine Verifikationsstudie durch; und (6) verfeinert das empirische Modell (Rice und Greenberg 7).

Entwicklung eines CCCP-Arbeitsmodells

Die erste Möglichkeit besteht darin, dass ein Bruch des kulturellen Bündnisses auftritt und der Kliniker auf diesen Bruch reagiert und mit dem Klienten zusammenarbeitet, um die therapeutische Beziehung zu reparieren.

Diese Komponente besteht aus einer Klienten- und zwei Kliniker-Teilkomponenten, um die aktive Rolle des Klinikers bei der Erkundung der Erfahrung des kulturellen Bruchs hervorzuheben.

Dieses Bewusstsein hilft dem Kliniker, Brüche in der kulturellen Allianz innerhalb der therapeutischen Dyade zu erkennen und dem Klienten mitzuteilen, dass der Kliniker die kulturellen Auswirkungen auf die Probleme des Klienten und auf die therapeutische Beziehung nicht anerkennt (Bogo 17).

Als Reaktion auf die Intervention des Klinikers, die sich auf die Erfahrung eines kulturellen Bündnisbruchs im Hier und Jetzt konzentriert, kann der Klient beginnen, negative Gefühle direkter als zuvor auszudrücken.

Als Reaktion auf die Befragung durch den Kliniker erkundet der Klient die Ängste und Befürchtungen oder die kulturellen Bedeutungen, die den Ausdruck von Ressentiments oder negativen Gefühlen gegenüber dem Kliniker aus verschiedenen Kulturen in der Gesellschaft blockieren.

Der Fall Shelly

In der Sitzung habe ich dem Klienten diese Beobachtung mitgeteilt: „Wie wir bereits besprochen haben, gibt es eine gewisse Ähnlichkeit zwischen zwei Ihrer wichtigen Beziehungen – der zu Ihrer Familie und der zu Ihren Arbeitskollegen, obwohl die Arbeitssituation meiner Meinung nach eine Art von rassischer oder kultureller Aggression enthält, während dies in der Familiensituation nicht so ist."

Shelly reflektierte, dass die Bemühungen ihres Vaters, das Familienleben im neuen Land erfolgreich zu gestalten, ihren Preis hatten: Während sie versuchten, die Bindung an ihre eigene kulturelle Identität, ihre ethnische Gemeinschaft und ihre Muttersprache zu verlieren, schienen sie auch eine angeborene Ressource an Stärke, Stolz und Selbstbewusstsein zu verlieren.

Sie sagte: „Ich nehme an, Sie wissen, wie es ist, anders behandelt zu werden, weil Sie die einzige asiatische Therapeutin hier sind"; oder: „Ich denke, Sie können sich die Schwierigkeiten meiner Eltern vorstellen, denn Sie sind auch Einwandererin und müssen wissen, wie schwierig es ist, als Einwanderer in einer regulären Agentur wie hier einen Arbeitsplatz zu bekommen."

Schlussfolgerung

Das vorgeschlagene Arbeitsmodell ist keine Antwort, sondern vielmehr ein erster Versuch, einen Dialog darüber anzustoßen, wie interkulturelle klinische Praxisprozesse geklärt werden können und wie Fachkräfte und in der Ausbildung befindliche Kliniker informiert werden können, damit sie in der Interaktion mit ihren kulturell vielfältigen Klienten kulturell abgestimmter, passender werden.

Das Arbeitsmodell des CCCP muss mit den Daten aus den tatsächlichen klinischen Fällen abgeglichen und dann entsprechend einer Reihe von Schritten der Aufgabenanalyse überarbeitet und verfeinert werden.

Dieser Artikel, vor allem, wenn er mit dem Rest der Aufgabenanalyseverfahren zur Überprüfung und Verfeinerung des CCCP-Modells fortgesetzt wird, kann einen der fehlenden Bereiche in der kulturübergreifenden klinischen Praxis ausfüllen und wird das liefern, was im kulturübergreifenden klinischen Bereich am meisten benötigt wird: einen evidenzbasierten kulturübergreifenden Praxisleitfaden für Kliniker.

Danksagung

Eine maschinell erstellte Zusammenfassung, basierend auf der Arbeit von Lee, Eunjung 2011 im Clinical Social Work Journal

Ethische Standards für transnationale psychische Gesundheit und psychosoziale Unterstützung (MHPSS): Nicht schaden, kulturübergreifende Fehler verhindern und zu Rückschlägen einladen

DOI: https://doi.org/10.1007/s10615-011-0348-z

Kurzfassung – Zusammenfassung

Dieser Artikel enthält Fallbeispiele für kulturelle Fehler und/oder Schäden durch Außenstehende, die MHPSS auf verschiedenen Kontinenten anbieten.

Angesichts des realen Risikos, dass Außenstehende bei der Bereitstellung von Hilfe kulturell falsche und/oder schädliche Praktiken anwenden, kann die Fähigkeit, Pushback (Widerstand und Umlenkung durch die beabsichtigten Empfänger) zu erkennen, ethisch bedeutsame Daten liefern.

Als zusätzliche Methode zur ethischen kulturellen Anpassung wird vorgeschlagen, aktiv zum Pushback aufzufordern, um zumindest eine informierte Zustimmung zu erhalten und im besten Fall die MHPSS so vorteilhaft wie möglich zu gestalten.

Hintergrund

Das „Interagency Standing Committee" hat ein bahnbrechendes Dokument veröffentlicht, das Leitlinien für psychische Gesundheit und psychosoziale Unterstützung (MHPSS) in komplexen Notfällen und Massenkatastrophen enthält.

Seine Arbeitsdefinition von MHPSS ist „jede Art von lokaler oder externer Unterstützung, die darauf abzielt, das psychosoziale Wohlbefinden zu schützen oder zu fördern und/oder psychische Störungen zu verhindern oder zu behandeln" (IASC 18; S. 1).

Als Antwort darauf versucht dieser Artikel, ethische Standards zur Förderung von Best Practices für MHPSS zu liefern, die von kulturell Außenstehenden und transnationalen Organisationen angeboten werden.

Zusätzlich zu den sozialen Einrichtungen, die Unterkünfte, Sicherheit, Wasser und sanitäre Einrichtungen bereitstellen, sind Massenkatastrophen ein wichtiger Ort für die Bereitstellung von MHPSS durch kulturell Außenstehende.

In „Crazy Like Us: The Globalization of the American Psyche" (2010) berichtet der Autor Ethan Watters von Weltverbesserern und seriösen Arbeitern, die kulturell fehlerhafte MHPSS-Versuche unternehmen.

Ethische Überlegungen: Informierte Zustimmung und Vermeidung von Schaden

Eine lebensrettende Operation verstößt gegen den Grundsatz der Unschädlichkeit, da sie einen Einschnitt (Schaden) verursacht; da jedoch der Nutzen der Operation den Schaden überwiegen kann, wird sie als wohltätig betrachtet.

Um zu entscheiden, welche Schäden akzeptabel sind, bleibt der höchste Standard die informierte Zustimmung (informed consent) – der vorgesehene Nutznießer hat das ultimative Recht, über die Risiken und den Nutzen einer Behandlung zu entscheiden, und es ist seine Autorität, mit der ein Angehöriger der Gesundheitsberufe berechtigt ist, zu handeln.

Ethische Kulturanpassung (Ethical Cultural Adaptation, ECA) für MHPSS kann sich aus bioethischen Grundlagen auf folgende Weise ergeben: Die Diskussion über die informierte Zustimmung ist am einfachsten bei Personen, die kompetent entscheiden können und frei von Kontrolle sind.

So können sie unter der Bedingung der Einwilligung nach Aufklärung die strikte Un-schädlichkeit (keinerlei Schaden) zugunsten des Benefits (gewünschter Nutzen) über-trumpfen.

„Do No Harm" (strikte Unschädlichkeit) ist der beste Grundsatz, wenn es keine infor-mierte Zustimmung gibt.

Kulturelle Anpassung

Welcher Ansatz auch immer gewählt wird – die Berücksichtigung der folgenden Parame-ter ist zwar nicht erschöpfend, hilft aber bei der anfänglichen Ausgestaltung von MHPSS: Sprache, Rituale, Familienstruktur, Geschlecht, Hierarchien und Gemeinschaftsstruktur, Vorurteile und Bigotterie, organisierte Religionen, Grad der Modernisierung, Geschichte mit Katastrophen und bewaffneten Konflikten, Geschichte mit der Regierung, Geschichte mit Außenseitern, Vertrauen in die medizinische Wissenschaft und Ärzte, Trauerpraktiken, Überzeugungen über Tod und Sterben, spirituelle und mythologische Überzeugungen im Zusammenhang mit Katastrophen, hilfesuchendes Verhalten, kulturell bedingte Syn-drome, traditionelle Therapien, Genesung und Wunder, Einstellungen zu psychischem Stress, psychischen Erkrankungen und Stigmatisierung.

Kulturell optimierte MHPSS erweitert die Möglichkeiten, mit unterschiedlichen Ge-meinschaften auf positive und synergetische Weise zusammenzuarbeiten.

ECA geht insofern über die Anwendung der kulturellen Kompetenz Nr. 1 (siehe oben) hinaus, als von den Beratern nicht nur verlangt wird, dass sie genug über einen anderen kulturellen Kontext wissen, um (westliche) Standardtherapien anbieten zu können, son-dern dass von ihnen auch erwartet wird, dass sie offen für die Arbeit mit nicht standardi-sierten Therapien sind.

Bewährte Praktiken für die kulturelle Anpassung

Um diese Ziele in der Konzeptions-, Durchführungs-, Überwachungs- und Evaluierungs-phase zu erreichen, müssen mindestens vier Parteien berücksichtigt werden: die vorgesehe-nen Begünstigten, die Interessengruppen, die Hauptinformanten und die externen Berater.

Die Interessenvertreter vertreten die Ansichten derjenigen, die von den MHPSS direkt profitieren oder verlieren können; daher stehen sie im Mittelpunkt des Prozesses der infor-mierten Zustimmung.

Bei den Schlüsselinformanten handelt es sich um sachkundige Personen oder „Kultur-vermittler" (bei denen es sich um die beabsichtigten Nutznießer handeln kann, aber nicht muss), die in der Lage sind, Rückmeldungen zu den lokalen Normen und zur Akzeptanz von MHPSS zu geben.

Dabei ist zu beachten, dass ein Schlüsselinformant aus einem privilegierten Teil der Gesellschaft stammen kann und somit nicht repräsentativ für die Bedürfnisse der am meis-ten gefährdeten Personen ist (Brenner 19; Wessells 20).

Fälle von kulturellen Fehlern

Außenstehende kommen in der Regel mit MHPSS „von der Stange" (d. h. mit Maßnahmen, die für eine bestimmte Bevölkerungsgruppe entwickelt wurden und von denen man annimmt, dass sie auf einen anderen Kontext anwendbar sind) oder mit MHPSS, die in den vermeintlich lokalen Kontext übersetzt werden.

In diesem Abschnitt werden vier mögliche Ergebnisse vorgestellt, wenn MHPSS in Gemeinschaften fehlerhaft implementiert wird: (A) ein suboptimales Ergebnis, bei dem die Gelegenheit zu einer optimalen Anpassung verpasst wird; (B) Schaden und daraus resultierender Vertrauensverlust in die Gemeinschaft für MHPSS; (C) eine unwirksame Intervention, die Ressourcen/Zeit verschwendet (d. h. Schaden durch Opportunitätskosten); oder (D) Berater nehmen den Fehler ernst, nutzen die Gelegenheit, eine ECA durchzuführen, ihr Wissen zu erweitern und eine optimale Intervention zu entwickeln.

Machtasymmetrien

Ein Berater, der an der Reaktion auf den 11. September 2001 beteiligt war, sagte der Autorin, dass seine pädagogische Technik für Kinder in Südasien für die vom Tsunami betroffenen Kinder wirksam sein würde.

Berater, die die Möglichkeit haben, den globalen Süden und/oder von Katastrophen betroffene Gemeinschaften zu erreichen, werden wahrscheinlich als erfolgreiche und sachkundige Experten wahrgenommen.

Einige Gemeinden werden von den Ideen eines solchen Beraters beeindruckt sein und ihn respektieren, möglicherweise noch mehr, wenn der Berater ein weißer Mann ist.

Akademiker und Angehörige der Gesundheitsberufe im Globalen Süden könnten von den Ideen dieses Beraters ebenfalls beeindruckt sein und ihn respektieren, da er/sie ein Vertreter des Westens ist, der die höchsten Standards für Bildung, Ausbildung und Ethik verkörpert (Shah 21).

Als Bestandteil der ECA sollte ein Berater bereit sein, einen traditionellen Ansatz neu zu entwickeln oder westliche und traditionelle Ansätze zu integrieren.

Vermeiden von Schaden

Zu den asymmetrischen Erwägungen kommt hinzu, dass aufgrund der Ungewissheit, der Komplexität und der mangelnden Kontrolle in Notfällen ein reales Risiko besteht, dass Außenstehende, selbst erfahrene Fachleute, Schaden anrichten, indem sie MHPSS verwenden, die kulturell falsch sind (Shah 22).

Ein kluger Anbieter von MHPSS wird auf die zunehmenden Möglichkeiten der Ethik achten, die zur Vermeidung von Schaden führen.

Es gibt Schadensquellen, denen die Bevölkerung insbesondere in Notsituationen ausgesetzt ist.

Falsche MHPSS können eine Gemeinschaft entfremden, sodass Menschen nicht mehr weiterverfolgt werden können, oder sie können sie davon abhalten, in Zukunft Hilfe zu suchen.

Medikamente sind in MHPSS besonders problematisch, wenn sie aus dem Regal einer gut ausgestatteten externen Einrichtung stammen.

MHPSS „von der Stange" mögen schnell, für den Anbieter bequem oder kostengünstig sein; jede Intervention „von der Stange" rechtfertigt jedoch eine Umweltverträglichkeitsprüfung, da sie anderenfalls in einem nicht getesteten Kontext eine deutlich geringere Wirksamkeit aufweisen und dadurch wirksamere Interventionen, die hätten angeboten werden können, verdrängen könnte.

Aufforderung zum Gegenschlag

Die Aufforderung zum Pushback ist eine spezifische Methode für ECA, mit dem Ziel, zumindest eine informierte Zustimmung zu erhalten und im besten Fall die vorteilhaftesten MHPSS zu gestalten.

In diesem Artikel wird vorgeschlagen, dass es in Anbetracht der zuvor erörterten Machtasymmetrien nicht ausreicht, einfach offen zu sein für den Widerstand von Stakeholdern und Schlüsselinformanten (S/KI).

Anders ausgedrückt: Wir müssen aktiv Barrieren für Pushback abbauen, denn ohne unsere aktiven Bemühungen können bestehende Machtasymmetrien und das Selbstvertrauen von Außenseitern den Widerstand oder die Umlenkung von S/KI ersticken.

S/KI sind aufgefordert, sich zu melden, wenn jemand Probleme in Bezug auf Relevanz, Qualität oder potenziellen Schaden feststellt.

Falls kein Pushback erkennbar ist, sollten die Berater die MHPSS im Dialog mit S/KI umsetzen, die ihrerseits den Fortschritt überwachen und Pushback äußern, wenn etwas Neues in Sicht ist.

Methoden zur aktiven Aufforderung zum Pushback

In vielen kulturübergreifenden Kontexten fühlen sich S/KI nicht sicher, wenn sie irgendein Feedback geben, geschweige denn Kritik üben, solange sie nicht den Eindruck haben, dass der Berater mit der durchsetzungsfähigen Kraft des Widerstands oder dem korrigierenden Charakter der Umleitung umgehen kann.

Eine Voraussetzung für einen freien Fluss von Pushback ist ein Berater, der S/KI vermittelt, dass Feedback oder Kritik am MHPSS-Design ohne Vergeltungsmaßnahmen gehandhabt werden kann (z. B. wenn der Berater die Gemeinde verlässt und der Gemeinde MHPSS oder andere gewünschte Ressourcen verweigert werden).

Wenn ein Berater mit der Scham, die mit diesem Umstand verbunden ist, nicht umgehen kann, wird er/sie weitere Barrieren für eingehenden Pushback errichten.

Das Eingestehen von Fehlern – oder die Konfrontation mit Fehlern, die wir gemacht haben – ist immer eine Herausforderung im Leben, und dennoch ist Resilienz für MHPSS-Berater, die ethische Arbeit leisten wollen, unerlässlich.

Ein Berater muss nicht nur mit Durchsetzungsvermögen und Schamgefühl umgehen können, sondern auch den Mut zur Arbeit haben.

Gruppendynamik der Einladung zum Pushback

Im Bereich der psychischen Gesundheit und der psychosozialen Interventionen normalisiert die Theorie der Gruppendynamik die Durchsetzungskraft und arbeitet mit dieser Pushback-Energie als einer Quelle der Kreativität (Gans 23; Shapiro und Gans 24).

Ein erfahrener humanitärer Helfer, Michael O'Neill, hat diese Methode beschrieben: (1) Bitten Sie die Menschen, sich eine Situation vorzustellen, in der sie sich Sorgen machen, dass eine Person, nennen wir sie „Loko", etwas tun wird, das negative Folgen haben könnte. (2) Fragen Sie: „Wenn Sie Loko oder einem Vermittler, der Loko aufhalten könnte, diese Sorge mitteilen wollten, wie würden Sie das in dieser Gemeinschaft am besten tun?" (3) Achten Sie auf die Methoden, die sich in der Gruppe herauskristallisieren, und adaptieren Sie diese in eine Pushback-Methode für sich selbst (M. O'Neill, persönl. Mitteilung, 21. Oktober 2009).

Diese Methode ist einfach verlockender (und damit kulturell angepasster), als wenn man einseitig seine eigene Methodik zur Erlangung von Pushback vorschreibt.

Fragen als Leitfaden für eine ethische kulturelle Anpassung

In Anbetracht der für Katastrophen typischen Komplexität sollten Außenstehende darauf vorbereitet sein, ECA zu implementieren und alle damit verbundenen ethischen Dilemmata rechtzeitig zu lösen.

Es kann hilfreich sein, einige Fragen aufzulisten, anhand derer ein MHPSS-Programmgestalter überlegen kann, wie viel Zeit/Ressourcen für die ECA aufgewendet werden können: Wie viel ECA ist angesichts einer sich entwickelnden Krise und der Erfordernisse einer rechtzeitigen Umsetzung möglich?

Welche Komponenten der ECA kommen der Gemeinschaft angesichts der begrenzten Ressourcen eines Projekts am meisten zugute?

Welche Verringerung des Nutzens wird sich ergeben, wenn diese neuen Modalitäten nicht berücksichtigt werden?

Empfehlungen für die weitere Forschung

Obwohl in den vergangenen zwei Jahrzehnten viel über die kulturelle Anpassung von MHPSS geschrieben wurde, bestehen nach wie vor erhebliche Wissenslücken (Shah und andere 25).

Kulturwissenschaften, Ethnographie, Diskursanalyse und Sozialanthropologie bieten besonders hilfreiche und ergänzende, ethisch fundierte und kulturell angepasste Methoden, um MHPSS zu interpolieren und zu extrapolieren (Patterson 26).

Es sind weitere Studien erforderlich, um kulturspezifische Faktoren (einschließlich Stärken, Anfälligkeiten, kulturgebundene Syndrome) für traumatische Stressreaktionen zu erfassen.

Bei den Methoden zur kulturellen Anpassung mangelt es oft an empirischen Belegen.

Man sollte die Ergebnisse lokaler, kulturell eingebetteter Therapien mit den Ergebnissen evidenzbasierter westlicher Interventionen vergleichen.

Notwendig wäre die Kartierung der kulturübergreifenden Ergebnisse sowohl für validierte als auch für nicht validierte westliche Therapien.

Kritische Diskussion

Das von der Generalversammlung der Vereinten Nationen eingesetzte Inter-Agency Standing Committee (IASC) fordert in seinen Leitlinien für psychische Gesundheit und psychosoziale Unterstützung in Notsituationen dazu auf, gegen schädliche Normen vorzugehen und gleichzeitig lokale Normen zu verwenden, wenn dies möglich ist (IASC 18).

Gayatri Chakravorty Spivak kritisiert, wie kulturelle Besonderheiten und Unterschiede für den transnationalen Konsum verpackt werden.

Wessells führt weiter aus: „Meiner Erfahrung nach können humanitäre Helfer davon überzeugt werden, Aufzeichnungen über Vorfälle von unbeabsichtigtem Schaden zu führen, wenn die Dokumentation im Geiste des gegenseitigen Lernens erfolgt und Möglichkeiten zur Verbesserung der psychosozialen Praktiken aufzeigt, ohne mit dem Finger auf bestimmte Organisationen oder Personen zu zeigen und diese zu beschuldigen." (S. 851) Dieser Artikel will nicht andeuten, dass westliche Interventionen minderwertig oder unerwünscht sind.

Ein kluger Berater wird darauf achten, ob der Einsatz angepasster westlicher Maßnahmen negative Auswirkungen auf die Nutzung lokaler Heilpraktiken hat.

Schlussfolgerung

Es wurden verschiedene Beispiele für kulturell bedingte MHPSS-Fehler beschrieben, und die ECA wird als eine Möglichkeit zur Abschwächung von Fehlern propagiert.

Die Aufforderung zur Gegenwehr soll ein Bollwerk gegen das reale Risiko sein, dass Außenstehende bei der Erbringung von MHPSS und/oder Sozialdienstleistungen kulturell falsche und/oder schädliche Praktiken anwenden.

Es besteht die Gefahr, dass transnationale und kulturübergreifende Arbeit als exotisch oder als gute Lernerfahrung angesehen wird; daher sind ethische Standards erforderlich, um gefährdete Bevölkerungsgruppen zu schützen und die effektivsten MHPSS-Praktiken zu fördern (Puig & Glynn 27).

Diese Fehler werden nur unzureichend erfasst, zum einen, weil wir keinen Standard haben, nach dem wir das angemessene Maß an kultureller Kompetenz beurteilen können, zum anderen, weil wir nur wenige Vergleichsstudien zu MHPSS-Programmen mit unterschiedlichen kulturellen Anpassungen haben, um zu sehen, welche zu guten und welche zu schlechten Ergebnissen führen, und zum dritten, weil die Disziplinen die negativen Ergebnisse zu wenig melden.

Danksagung

Eine maschinell erstellte Zusammenfassung, basierend auf der Arbeit von Shah, Siddharth Ashvin

2011 im Clinical Social Work Journal

Soziokulturelle Einstimmung praktizieren: Eine Studie über Paartherapeuten

DOI: https://doi.org/10.1007/s10591-014-9318-2

Kurzfassung – Zusammenfassung

In diesem klinischen Projekt untersuchte unsere Forschungsgruppe von Doktoranden der Beratungs- und Familienwissenschaften mithilfe der sozio-emotionalen Beziehungstherapie unseren Prozess der soziokulturellen Abstimmung mit unseren Kundenpaaren.

Die Ziele dieses klinischen Projekts bestanden darin, die soziokulturelle Einstimmung operational zu definieren, Indikatoren für die soziokulturelle Einstimmung von Therapeuten und Klienten zu identifizieren und ein Modell für die soziokulturelle Einstimmung zu entwerfen.

Im Laufe von vier Monaten konzentrierten sich 13 Therapeuten auf fünf Paare und 25 Therapiesitzungen, wobei sie „live" beobachteten, diskutierten, sich Videobänder ansahen und regelmäßig schriftliche Antworten auf offene Fragen zur soziokulturellen Einstimmung gaben.

Einführung

Der Schwerpunkt des Projekts liegt auf der Entwicklung der sozio-emotionalen Beziehungstherapie (SERT), einem Ansatz, der die Aufmerksamkeit auf die Überschneidung größerer gesellschaftlicher Dynamiken richtet, die sich in Paarbeziehungen abspielen (Knudson-Martin & Huenergardt 28).

In einer früheren Phase des Projekts (Knudson-Martin 29; Knudson-Martin u. a. 30) stellten wir fest, dass die Einstimmung auf die einzigartige soziale, kulturelle und emotionale Erfahrung des Klienten eine grundlegende Schlüsselkompetenz ist; wir hatten jedoch noch kein klares Verständnis davon, wie Therapeuten die soziokulturelle Einstimmung vornehmen und wie diese Handlungen in der Praxis tatsächlich aussehen.

Wir hofften, unsere Praxis der soziokulturellen Einfühlung klar formulieren zu können, in der Erwartung, dass unsere Erfahrungen anderen dabei helfen können, mit den Auswirkungen der Überschneidungen von Geschlecht, Kultur und verschiedenen gesellschaftlichen Machtpositionen bei Paaren zu arbeiten – und vielleicht die Praxis auch bei Einzelpersonen und Familien anzuwenden.

Die Ziele dieses klinischen Projekts waren die operationale Definition von soziokultureller Einstimmung (SCA) aus der Sicht von Therapeuten und die Skizzierung eines Prozesses, wie wir soziokulturelle Einstimmung in der Paartherapie praktizieren.

Sozio-emotionale Beziehungstherapie

Die sozio-emotionale Beziehungstherapie (SERT) zielt darauf ab, in soziokulturelle Prozesse einzugreifen, die die Fähigkeit von Paaren einschränken, gegenseitig unterstützende Beziehungen zu entwickeln (Knudson-Martin & Huenergardt 28; Knudson-Martin 29).

Wie Knudson-Martin und Huenergardt (28) erklären: So wie Familientherapeuten ein Individuum betrachten und ein Beziehungsgeflecht sehen, betrachten SERT-Therapeuten Individuen und sehen Personen in soziokulturellen Zusammenhängen.

Unser erstes Ziel ist es, uns auf jeden Klienten so einzustimmen, dass wir in der Lage sind, mit der soziokulturellen Erfahrung dieser Person auf einer affektiven Ebene in Resonanz zu treten (S. 370). Um die Bedingungen zu erleichtern, die zu gegenseitiger Unterstützung führen, positionieren sich Therapeuten, um soziokulturelle Diskurse (gemeinsame Vorstellungen darüber, wie man unter verschiedenen Umständen denkt, handelt und fühlt) zu identifizieren und sozialen Ungleichheiten entgegenzuwirken (Knudson-Martin 29).

SERT-Annahmen und Rolle des Therapeuten

Wir können Emotionen nicht verstehen, wenn wir nicht die Machtdynamik verstehen, die mit der gesellschaftlichen Position der Klienten verbunden ist (Knudson-Martin 29; Knudson-Martin & Huenergardt 28; McGoldrick & Hardy 31).

Um zu vermeiden, dass gesellschaftliche Ungerechtigkeiten fortbestehen, ist es wichtig, sich mit beiden Partnern soziokulturell abzustimmen (Knudson-Martin & Huenergardt 28).

Als SERT-Therapeuten müssen wir den Kontext der Klienten so weit wie möglich erfassen, gehen aber mit einem begrenzten Wissen oder Verständnis in die Therapie.

Wir haben die Macht, soziale Ungleichheiten im Verlauf der Therapie zu beeinflussen; daher ist es wichtig, dass wir uns so orientieren, dass wir die soziokulturelle Erfahrung jedes Klienten verstehen und „begreifen" (Guregård & Seikkula 32).

Der Studienprozess

Wir begannen mit unseren schriftlichen Antworten auf die folgenden offenen Fragen, während wir die Sitzungen „live" beobachteten oder, im Falle der Therapeuten, die die Sitzung leiteten, direkt danach: Wie unterscheiden Sie in dieser Sitzung zwischen emotionalem und soziokulturellem Einfühlungsvermögen?

Jede Woche überprüften die ersten drei Autoren die vorherigen schriftlichen Beobachtungen und Diskussionen der Gruppenmitglieder über die Live-Paartherapie, fassten sie für die größere Gruppe zusammen und brachten sie in eine weitere Diskussion ein, um die Antworten zu klären und einen Konsens hinsichtlich unserer Praxis der SCA zu erreichen.

Der vierte und letzte Schritt bestand darin, einen möglichen Prozess zu skizzieren, d. h. unsere geerdete Theorie darüber, wie Therapeuten soziokulturelle Einstimmung auf der Grundlage der identifizierten analytischen Kategorien praktizieren (Charmaz 33).

Wir haben die Theorie viermal überarbeitet, bevor sich die Gruppe darauf einigte, dass wir eine Theorie darüber entwickelt hatten, wie wir die Praxis der soziokulturellen Einstimmung auf der Grundlage unserer Erfahrungen in der SCA-Praxis definieren und skizzieren.

Ergebnisse: Unterscheidung der soziokulturellen Einstellung

Unsere Gruppe beschrieb soziokulturelle Einstimmung (SCA) als den fortlaufenden Prozess des Erlebens der Emotionen von Klienten in der Schnittmenge soziokultureller Kontexte, d. h. Geschlecht, Rasse, ethnische Zugehörigkeit, Religion, sexuelle Orientierung usw. In den folgenden Abschnitten erklären wir zunächst, wie wir zwischen SCA und emotionaler Einstimmung (EA) unterschieden haben, und stellen dann einen dreistufigen Prozess vor, der beschreibt, wie wir uns aus unserer Perspektive als Therapeuten soziokulturell eingestimmt haben.

In der Anfangsphase der Analyse war sich unsere Forschungsgruppe einig, dass wir das Gefühl hatten, soziokulturelle Einstimmung (SCA) zu praktizieren, was nicht ganz dasselbe war, wie wenn wir einfach nur emotionale Einstimmung (EA) praktizierten.

Auf der Grundlage unserer Erfahrungen in der SCA-Praxis teilten wir alle die Vorstellung, dass soziokulturell eingestellte Therapeuten Emotionen erforschen, sich aber auch mit dem gesellschaftlichen Kontext und den mit den Emotionen verbundenen Diskursen auseinandersetzen sollten.

Modell der soziokulturellen Einstimmung

Auf die Frage, ob sie glaube, dass sie sich in dieser Sitzung soziokulturell auf die Klienten eingestellt habe, antwortete ein weibliches Gruppenmitglied, das vor dem Einwegspiegel gestanden hatte: „Die meiste Zeit; ich fühlte mich in meinem Kopf eingestellt und nutzte das, um meine Interventionen und Kommentare zu lenken …" Wir kamen zu dem Schluss, dass nach unserer Erfahrung als Therapeuten die SCA als konzeptioneller Rahmen, als anfängliches Leitobjektiv beginnt.

Eine Teilnehmerin unserer Gruppe, die eine Live-Sitzung hinter dem Einwegspiegel beobachtet hatte, wusste, dass die Therapeuten in der Sitzung soziokulturell eingestellt waren, weil sie bemerkte, dass „die Therapeuten zu wissen schienen, was jeder fühlte, und ihr Wissen über geschlechtsspezifische und kulturelle Diskurse nutzten, um die Erwartungen an jeden Klienten zu formulieren".

Eine andere Teilnehmerin unserer Diskussion sagte, sie glaube, dass die Therapeutin soziokulturell eingestellt sei, weil sie „Emotionen benennt, die mit Diskursen verbunden sind".

Fallbeispiel

Wir haben ihr dann diese soziokulturellen Erfahrungen zurückgespiegelt: „Es scheint, dass kubanische Frauen von ihren Männern erwarten, dass sie Sex mit anderen Frauen haben, und sie, wenn dem nicht so ist, dankbar sein sollten.

Unsere soziokulturellen Überlegungen schienen ihre Erfahrung zu bestätigen, denn die Frau nickte und bestätigte ihre zuvor unausgesprochenen Gefühle, was zeigte, dass sie mit dem, wie wir ihre Erfahrung benannt hatten, übereinstimmte.

Eine Teilnehmerin hinter dem Einwegspiegel beobachtete, dass die Klientin ihre Offenheit und Verletzlichkeit ausweitete, nachdem die Therapeutin sich soziokulturell auf sie eingestellt hatte."

Durch den Prozess der soziokulturellen Einstimmung fühlten sich die Klienten nicht nur verstanden, sondern wurden sich auch der wichtigen sozio-emotionalen Aspekte ihrer Beziehung bewusst und konnten diese ansprechen.

Die Therapeuten waren in der Lage, wichtige soziokulturelle Nuancen in der Erfahrung der Klienten zu erkennen und den therapeutischen Prozess entsprechend auszurichten.

Diskussion

Diese Studie bietet Therapeuten, die ihre Fähigkeit entwickeln wollen, sich auf die sozio-kontextuellen Erfahrungen ihrer Klienten einzustellen, eine Orientierung.

Die Therapeuten in dieser Studie verwendeten den Begriff des gesellschaftlichen Diskurses, um die persönlichen Erfahrungen der Klienten mit ihrem soziokulturellen Kontext zu verbinden.

Das Bestreben, soziokulturell eingestellt zu sein, ermutigte die Therapeuten in dieser Studie, nicht nur kognitiv kontextuelle Einflüsse zu erkennen, sondern auch emotional mitzuempfinden, wie es sich in diesen Kontexten anfühlen könnte.

Positive Erfahrungen mit Klienten als Ergebnis der Auseinandersetzung mit kontextuellen Themen, z. B. als Ergebnis der hier beschriebenen soziokulturellen Einstimmung, ermutigten die Therapeuten, sich bewusster und engagierter für die Anwendung einer kontextuellen Linse einzusetzen.

Da der soziokulturelle Kontext in einer Sitzung oft schwer zu erkennen ist, empfehlen wir Therapeuten aller Erfahrungsstufen eine gezielte Reflexion über ihre Praxis, wie wir sie in diesem klinischen Projekt durchgeführt haben.

Danksagung

Eine maschinell erstellte Zusammenfassung, basierend auf der Arbeit von Pandit, Mayuri L.; Chen-Feng, Jessica; Kang, Young Joo; Knudson-Martin, Carmen; Huenergardt, Doug 2014 in Contemporary Family Therapy

Literatur

1. Sue, S., Fujino, D. C., Hu, L., Takeuchi, D. T., & Zane, N. W. S. (1991). Community mental health services for ethnic minority groups: A test of the cultural responsiveness hypothesis. Journal of Consulting and Clinical Psychology, 59, 533–540.
2. Sue, S., Zane, N., Hall, G. C. N., & Berger, L. K. (2009). The case for cultural competency in psychotherapeutic interventions. Annual Review of Psychology, 60, 525–548.
3. Tsang, A. K. T., & Bogo, M. (1997). Engaging with clients cross-culturally: Towards developing research-based practice. Journal of Multicultural Social Work, 6, 73–91.
4. Hardy, G. E., Stiles, W. B., Barkham, M., & Startup, M. (1998). Therapist responsiveness to client interpersonal styles during time-limited treatments for depression. Journal of Consulting and Clinical Psychology, 66(2), 304–312.
5. Hoffart, A. (1997). A schema model for examining the integrity of psychotherapy: A theoretical contribution. Psychotherapy Research, 7(2), 127–143.
6. Stiles, W. B., & Shapiro, D. A. (1989). Abuse of the drug metaphor in psychotherapy process-outcome research. Clinical Psychology Review, 9(4), 521–543.
7. Tsang, A. K. T., George, U., & Bogo, M. (1997a). Client Expectation Questionnaire (CEQ). ON: Faculty of Social Work, University of Toronto.
8. Keenan, E. K., Tsang, A. K. T., Bogo, M., & George, U. (2005). Micro ruptures and repairs in the beginning phase of cross-cultural psychotherapy. Clinical Social Work Journal, 33(3), 271–289.
9. Seeley, K. M. (2000). Cultural psychotherapy: Working with culture in the clinical encounter. NJ: Jason Aronson.
10. Tsang, A. K. T. (2000). Bridging the gap between clinical practice and research: An integrated practice-oriented model. Journal of Social Service Research, 26(4), 69–89.
11. Tsang, A. K. T., Bogo, M., & George, U. (2003). Critical issues in cross-cultural counseling research: Case example of an ongoing project. Journal of Multicultural Counseling and Development, 31(1), 63–78.

12. Worthington, R. L., Soth-McNett, A. M., & Moreno, M. V. (2007). Multicultural counseling competencies research: A 20-year content analysis. Journal of Counseling Psychology, 54(4), 351–361.
13. Safran, J. D., Muran, J. C., & Samstag, L. W. (1994). Resolving therapeutic alliance rupture: A task analytic investigation. In A. O. Horvath & L. S. Greenberg (Eds.), The working wlliance: Theory, research, and practice (pp. 225–255). New York: Wiley.
14. Dungee-Anderson, D., & Beckett, J. O. (1995). A process model for multicultural social work practice. Families in Society: The Journal of Contemporary Human Services, 76(8), 459–468.
15. Mishne, J. (2002). Multiculturalism and the therapeutic process. New York: Guilford Press.
16. Lee, E. (2008). Cross-cultural dialogue and its impact on the alliance in psychotherapy process. Unpublished doctoral dissertation, Smith College of Social Work. Northampton, MA, USA.
17. Bogo, M. (2006). Social work practice: Concepts, processes, and interviewing. New York: Columbia University Press.
18. Inter-Agency Standing Committee (IASC) (2007). IASC guidelines on mental health and psychosocial support in emergency settings. Geneva: IASC. Also available from http://www.who.int/mental_health/emergencies/guidelines_iasc_mental_health_psychosocial_june_2007.pdf
19. Brenner, G. H. (2009). Fundamentals of collaboration. In G. H. Brenner, D. H. Bush, & J. Moses (Eds.), Creating spiritual and psychological resilience: Integrating care in disaster relief work (pp. 3–18). New York: Routledge.
20. Wessells, M. (2009). Do No Harm: Toward contextually appropriate psychosocial support in international emergencies. American Psychologist, 64(8), 842–854.
21. Shah, S. A. (2007). Ethnomedical best practices for international psychosocial efforts in disaster and trauma. In C. S. Tang & J. P. Wilson (Eds.), Cross-cultural assessment of psychological trauma and PTSD (pp. 51–64). New York: Springer Verlag.
22. Shah, S. A. (2010). Mental health emergencies and post-traumatic stress disorder. In G. B. Kapur & J. P. Smith (Eds.), Emergency public health: Preparedness and response (pp. 493–516). Boston: Jones and Bartlett Publishers.
23. Gans, J. S. (1989). Hostility in group psychotherapy. International Journal of Group Psychotherapy, 39, 499–516.
24. Shapiro, E. L., & Gans, J. S. (2008). The courage of the group therapist. International Journal of Group Psychotherapy, 58(3), 345–361.
25. Shah, S.A., Seyle, C., Skiadas, T., & Naturale, A. (2009, September). Do no further harm: Guidelines for psychosocial work across cultures (Psychology Beyond Borders Working Paper). Available upon request from http://psychologybeyondborders.org
26. Patterson, G. T. (2009). An Examination of evidenced-based practice interventions for public emergencies. Journal of Evidence-Based Social Work, 6, 274–287.
27. Puig, M. E., & Glynn, J. B. (2004). Disaster responders: A cross-cultural approach to recovery and relief work. Journal of Social Service Research, 30, 55–66.
28. Knudson-Martin, C., & Huenergardt, D. (2010). A socio-emotional approach to couple therapy: Linking social context and couple interaction. Family Process, 49(3), 369–384. https://doi.org/10.1111/j.1545-5300.2010.01328.x.
29. Knudson-Martin, C. (2013). Why power matters: Creating a foundation of mutual support in couple relationships. Family Process, 52, 5–18. https://doi.org/10.1111/famp.12011.
30. Knudson-Martin, C., Huenergardt, D., Lafontant, K., Bishop, L., Schaepper, J., & Wells, M. (2014). Competencies for addressing gender and power in couple therapy: A socio-emotional approach. Journal of Marital and Family Therapy. https://doi.org/10.1111/jmft.12068.
31. McGoldrick, M., & Hardy, K. V. (Eds.). (2008). Re-visioning family therapy: Race, culture, and gender in clinical practice (2nd ed.). New York: Guilford.
32. Guregård, S., & Seikkula, J. (2014). Establishing therapeutic dialogue with refugee families. Contemporary Family Therapy, 36, 41–57. https://doi.org/10.1007/s10591-013-9263-5.

33. Charmaz, K. (2006). Constructing grounded theory: A practical guide through qualitative analysis. Thousand Oaks: Sage Publications.
34. Kim-Goh, M., Choi, H., & Yoon, M. S. (2015). Culturally responsive counseling for Asian Americans: Clinician perspectives. *International Journal for the Advancement of Counselling, 37*(1), 63–76. https://doi.org/10.1007/s10447-014-9226-z
35. Tsang, A.K.T., Bogo, M. & Lee, E. Engagement in Cross-Cultural Clinical Practice: Narrative Analysis of First Sessions. *Clin Soc Work J* **39**, 79–90 (2011). https://doi.org/10.1007/s10615-010-0265-6
36. Lee, E. A Working Model of Cross-Cultural Clinical Practice (CCCP). *Clin Soc Work J* **40**, 23–36 (2012). https://doi.org/10.1007/s10615-011-0360-3
37. Shah, S.A. Ethical Standards for Transnational Mental Health and Psychosocial Support (MH-PSS): Do No Harm, Preventing Cross-Cultural Errors and Inviting Pushback. *Clin Soc Work J* **40**, 438–449 (2012). https://doi.org/10.1007/s10615-011-0348-z
38. Pandit, M.L., Chen-Feng, J., Kang, Y.J. *et al.* Practicing Socio-cultural Attunement: A Study of Couple Therapists. *Contemp Fam Ther* **36**, 518–528 (2014). https://doi.org/10.1007/s10591-014-9318-2

The manufacturer's authorised representative in the EU is Springer
Nature Customer Service Centre GmbH, Europaplatz 3, 69115 Heidelberg,
Germany. If you have any concerns regarding our products, please
contact ProductSafety@springernature.com

Printed and bound by CPI Group (UK) Ltd, Croydon, CR0 4YY

24/04/2026

02096345-0018